Lina Maria
Pietras

mit Anna Maas

Herz
Auge

Warum du dich nur
in dir selbst finden kannst

Rowohlt Taschenbuch Verlag

Originalausgabe
Veröffentlicht im Rowohlt Taschenbuch Verlag,
Hamburg, Mai 2024
Copyright © 2024 by Rowohlt Verlag GmbH, Hamburg
Die Nutzung unserer Werke für Text- und Data-Mining
im Sinne von § 44b UrhG behalten wir uns explizit vor.
Covergestaltung zero-media.net, München
Coverabbildung FinePic®, München
Satz aus der Financier Text
bei Pinkuin Satz und Datentechnik, Berlin
Druck und Bindung CPI books GmbH, Leck
ISBN 978-3-499-01419-2

MIX
Papier | Fördert
gute Waldnutzung
FSC® C083411
www.fsc.org

Inhaltsverzeichnis

Für meinen Mann Jake.
Wir treiben uns regelmäßig gegenseitig in den Wahnsinn
und holen uns aus unseren Komfortzonen heraus –
auf eine sehr liebevolle Art.

Für meine Mami. Sie sagte mir von Beginn an,
dass Behinderung keine Verhinderung ist,
und hat mein Herzauge stets geschärft.

Für meinen Papabär. Er steht immer an meiner Seite,
obwohl er selbst vieles ganz anders machen würde.

Für meine Schwester. Sie sieht unsere Beziehung nie als
Selbstverständlichkeit und investiert genauso viel wie ich.
So geht Augenhöhe!

Für alle Menschen, die mich bis hierhin begleitet haben.
Ihr habt mir geholfen zu sehen, wenn ich selbst zu blind
für mein Leben war.

Für alle glitzernden, bunten, einzigartigen Fabelwesen da
draußen. Ihr wisst, dass die Realität noch viel verrückter ist
als die Fiktion …

Vorwort

Ich hatte mein Leben lang Angst vor Achterbahnfahrten. Das Gefühl des Kontrollverlusts, die Sorge vor einem Absturz und die Gewissheit, für die Dauer der Fahrt keine Chance zu haben, dem Auf und Ab zu entkommen, haben mich immer davon abgehalten, auch nur einen Fuß in eine Achterbahn zu setzen. Bis zum Sommer 2023, in dem ich entschied, mich dieser Angst zu stellen.

Ich war mit meinem Mann in Krakau im Urlaub, und wir wollten uns unbedingt den Energylandia-Freizeitpark anschauen. Während des Urlaubs steckte ich mitten in der Recherche zu diesem Buch und hatte gerade ein Buch zur Neuroplastizität des Gehirns gelesen, in dem ich gelernt hatte, wie sich Nervenzellen, Synapsen und Hirnareale ständig verändern, um sich zu jeder Zeit optimal an neue Anforderungen anzupassen. Als es in den Freizeitpark ging, wusste ich, dass ich nun auch mein Gehirn verändern konnte. Ich freute mich riesig auf diese neuen Erlebnisse.

Frei nach dem Motto «Wenn, dann richtig» stellten wir uns bei einer Achterbahn an, in der die Beine frei baumelten und fünf Schrauben dabei waren. 80 km/h, eine kurzfristige Belastung von fast 5 g, also dem fünffachen Körpergewicht. Ein ganzer Schwarm an Schmetterlingen flatterte in meinem Bauch, als der Haltebügel sich herabsenkte. Wir saßen ganz vorn. Und natürlich waren die alten tief verankerten Gedanken präsent. Doch gleichzeitig blieb ich bei meiner bewussten

Entscheidung, es dieses Mal anders zu machen, und freute mich riesig auf die nächsten Minuten.

Ich schloss die Augen, als es losging – und als wir uns kurz nach dem Start sofort in die erste Schraube drehten, schrie ich aus vollem Halse: «NEUGIER! NEUGIER! NEUGIER!»

Denn Neugier ist es, die unserem Gehirn hilft, sich zu verändern. Die Offenheit für andere Perspektiven und Erfahrungen. Und dieser Rausch der Achterbahn war definitiv eine andere Erfahrung. Ich schrie, lachte und fand es überraschend großartig. Viel schneller als erwartet bremste die Bahn wieder ab, und wir stiegen aus.

Mein altes Ich rechnete mit wackeligen Knien, einem flauen Magen und dem Bedürfnis, mich hinzusetzen. Ich spürte, wie mein Gehirn meinen Körper abcheckte und verwirrt war. Knie und Magen waren stabil. Stattdessen rief da eine Stimme in mir: NOCH MAAAAL!

Und genau das tat ich dann auch. Ich fuhr noch mal und noch mal und noch mal, probierte alle Bahnen aus. Die Adrenalinkicks schossen durch meinen Körper, und ich feierte alles daran.

In den Tagen darauf war ich vom Schreien so heiser wie schon lange nicht mehr. Ich habe viel darüber nachgedacht, dass das ganze Leben aus Achterbahnfahrten besteht. Manchmal sitzen wir ganz hinten, ohne uns wirklich für diese Fahrt entschieden zu haben, wissen nicht, was auf uns zukommt, und leiden sehr. Manchmal reißen wir ganz vorn die Arme hoch, lachen laut und genießen den Rausch der Fahrt. Manche Mitfahrenden sind liebe, wohlwollende Menschen, bei manchen sind wir froh, wenn sie wieder aussteigen.

Zwischendurch können wir durchatmen und entspannen,

dann geht es bergauf und anschließend bergab. Willkommen im Leben.

Auch die Entstehung dieses Buches war für mich eine dieser Achterbahnfahrten, die mir neue Abgründe und Talente an mir selbst eröffnet hat. Vieles von dem, was du hier lesen wirst, war mir zu Beginn des Schreibprozesses noch gar nicht bewusst. Für mich wurde das Buch zu einem Coach – und ich hoffe sehr, dass es dir genauso geht.

Kurz zu mir. Ich heiße Lina Maria Pietras, bin zertifizierte Business-Coachin, Strategieberaterin, Inclusion & Belonging Expertin und internationale Keynote Speakerin. Ich begleite Menschen in Veränderungsprozessen – und davon habe ich selbst schon einige hinter mir. Auf den nächsten Seiten erzähle ich dir viel aus meinem Leben. Es geht um meine lange Suche nach Zugehörigkeit. Als Deutsch-Brasilianerin mit nur 4 Prozent Sehkraft habe ich mich schon oft ausgeschlossen gefühlt. Doch mir wurde im Laufe des Lebens immer klarer, dass nicht nur Menschen mit Behinderung oder Migrationsgeschichte das Gefühl kennen, sich ausgeschlossen zu fühlen, sondern dass es uns allen immer mal wieder so geht.

Egal, ob du als Schülerin als Letztes in die Mannschaft gewählt wirst, als Angestellter im Meeting nicht zu Wort kommst, dich als Mensch mit Migrationsgeschichte nie richtig zu Hause fühlst, beim Dating erfolglos bleibst, während um dich herum alle heiraten, oder dir wegen einer Behinderung weniger zugetraut wird als anderen – das, wonach du dich sehnst, ist Zugehörigkeit. Anders gesagt: Inklusion.

Inklusion schafft es, den Wunsch nach Zugehörigkeit mit dem Streben nach Autonomie zu verbinden. Denn ja, es ist möglich, dass du bei dir bleiben und deine Bedürfnisse ernst nehmen kannst, ohne dabei zu vereinsamen oder ausgeschlossen zu sein. Inklusion ist für mich ein Grundrecht aller Menschen - und damit wir alle dieses Gefühl genießen können, braucht es Kommunikation, Kollaboration und Ehrlichkeit.

Dass so ein Umgang wirklich funktioniert und sowohl zu Erfolgen als auch zu einer hohen Zufriedenheit führt, zeigt die Entstehungsgeschichte dieses Buches. Meine Co-Autorin Anna Maas und ich haben uns gegenseitig gezeigt, wie Teamwork läuft. Ja, es ist zwar meine Geschichte, die hier erzählt wird, doch ohne Anna wäre sie nie in Worte gefasst worden. Bei der Zusammenarbeit haben wir die Prinzipien, die wir in diesem Buch benennen, direkt angewandt: Wir haben ehrlich miteinander gesprochen, Bedürfnisse geteilt, Grenzen gezogen, uns Raum gegeben, Annahmen hinterfragt, Kritik geübt und angenommen, Verantwortung übernommen und an den richtigen Stellen losgelassen. In uns beiden hat sich in den letzten Monaten viel bewegt. Wir haben einander gesehen und verstanden, aber auch an uns selbst neue Facetten entdeckt.

In diesem Buch geht es unter anderem darum, wie wichtig solche menschlichen Verbindungen sind. Sie sind fest mit diesen Buchseiten verwoben. Die Verbindung von mir zu Anna und von Anna zu mir, die Verbindung von mir zu mir und von Anna zu sich selbst, vor allem aber auch die Verbindung von diesem Buch zu dir, liebe Leserin, lieber Leser.

Wenn du den Mut hast, bei dir selbst hinzuschauen, dich mit all deinen Anteilen auseinanderzusetzen, auch die Anteile anzunehmen, die gern im Verborgenen bleiben, kannst du dich wahrhaftig mit anderen Menschen verbinden und Teil einer inklusiven Gesellschaft sein. Denn die Akzeptanz deiner eigenen Unvollkommenheit ist der erste Schritt.

Mit diesem Buch, das eine Herzensangelegenheit ist, möchte ich dich auf deinem Weg begleiten. Dabei greife ich auf das Wissen von vielen Expertinnen und Experten aus verschiedenen Disziplinen zurück: Die Psychologie, das Coaching, aber auch die Neurowissenschaften helfen uns dabei, das Zusammenspiel aus Herz und Hirn – und damit die Vielfalt unserer Persönlichkeit – besser zu verstehen.

In meinem Lieblingsbuch *Der Kleine Prinz* heißt es: «Man sieht nur mit dem Herzen gut. Das Wesentliche ist für die Augen unsichtbar.»[1] Man könnte nun behaupten, dass es mir leichterfällt, mit dem Herzen zu sehen, weil ich mich nicht auf meine Augen verlassen kann. Doch das stimmt nur in Teilen. Auch für mich war und ist es eine immer neue Herausforderung, in Verbindung mit mir selbst zu bleiben und meine Bedürfnisse nicht hintanzustellen. Doch ich habe schon einige Hürden gemeistert und kann dir verraten, was mir geholfen hat und hoffentlich auch in Zukunft helfen wird. Ich bin der festen Überzeugung, dass wir alle lernen können, mit dem Herzen zu sehen, völlig unabhängig von unserer physiologischen Sehkraft.

Ich will dich dazu ermutigen, in jene Bereiche deines Seins hineinzublicken, in die du nur selten das Licht lässt, in denen es dunkel und kalt ist und du dich mit den Händen vorantasten musst, um dich überhaupt zurechtzufinden. Mit schwierigen Lichtverhältnissen kenne ich mich aus. Ich weiß auch, wie es sich anfühlt, wenn ich mich an anderen festhalten muss, damit ich nicht stolpere. Aus diesem Grund ist es mir ein Bedürfnis, dich auf deinem Weg zu begleiten und dir eine Stütze zu sein. Ich werde dir erzählen, wie auch ich strauchelte, fiel, aufstand, noch mal fiel, liegen blieb und mich irgendwann eben doch aufrappelte. Schon immer war da ein glitzerndes Einhorn in mir, auch wenn es zwischendurch mal müde war - doch ich verhalf ihm immer wieder zu neuen Freudensprüngen. Und ich verspreche dir, dass du das auch kannst.

Noch ein paar Worte zu Sprache und Aufbau des Buches: Als Diversity- und Inclusion-Strategin ist es mir ein Grundbedürfnis, dass sich in meinem Buch alle Menschen wiederfinden. Das Gendern mit Gendersternchen oder der Nennung beider Formen allerdings führt bei mir immer wieder dazu, dass ich beim Lesen ins Stocken gerate. Zudem reicht es meiner Meinung nach nicht, zwei Geschlechter zu benennen, da das Leben eine deutlich größere Vielfalt an Geschlechtsidentitäten zu bieten hat. Ich habe mich deshalb dafür entschieden, so oft wie möglich geschlechtsneutral zu formulieren und ansonsten die männliche und weibliche Form im Wechsel zu nutzen. Durch diesen Wechsel soll deutlich werden, dass ich alle anderen Geschlechter stets mitdenke. Ich bitte um dein Verständnis hierfür und hoffe, dass diese Durchmischung für genau die Vielfalt sorgt, die auch in der Realität zu finden ist.

Ein vielfältiger Mix ist ebenfalls die Mischung aus meinen persönlichen Geschichten und fachlichen Ansätzen. Für mich hängt beides untrennbar zusammen. Denn genau diese Ansätze, Theorien und Modelle haben mir dabei geholfen, meine eigene Geschichte besser zu verstehen und mich selbst besser einordnen zu können. Somit sind sie zu einem Teil meines Lebens geworden. Ich bin mir sicher, dass auch du viele Anregungen zur Selbstreflexion mitnehmen wirst, auch wenn deine Lebenserfahrungen ganz anders aussehen.

Im gesamten Buch wurden alle Namen beteiligter Personen geändert, um ihre Privatsphäre zu schützen.

Nun bleibt mir nur zu sagen: Trau dich, steig ein und reiß die Hände hoch. Erlaube deinem Gehirn, sich zu verändern und neue Perspektiven kennenzulernen. Ich freue mich auf die Achterbahnfahrt mit dir. Woho!

Deine Lina

1.

Authentisch leben: Warum es nicht so leicht ist, du selbst zu sein

Die Sache mit der Authentizität

Sei du selbst! Sei authentisch! Authentizität ist eines *der* Buzz-words unserer Zeit. Bei einer Google-Suche nach dem Wort «authentisch» bekommst du über 18,5 Millionen Ergebnisse, es gibt unzählige YouTube-Videos und Podcasts zu diesem Thema.

Authentizität wird uns gern als eine Art Talent oder Qualifikation vermittelt. Ein Mensch ist authentisch, oder er ist es eben nicht. Hier zeigt sich ein starres Denken, denn wir haben den Eindruck, dass Authentizität unveränderlich sei. Wer nicht authentisch wirkt oder wer jemals im Leben aufgesetzt oder «fake» war, hat verloren. Und die, die als besonders authentisch gelten, sind die Lieblinge der Herzen.

Denn in dieser Welt, in der objektiv betrachtet vieles ziemlich gut ist und sich subjektiv vieles ziemlich unsicher anfühlt, ist die Sehnsucht groß nach etwas Echtem, etwas, an dem wir uns festhalten können.

Absurderweise wird gerade bei Influencerinnen die Authentizität immer wieder betont und als wichtigstes Merkmal hervorgehoben – obwohl doch eigentlich jeder weiß, dass das, was wir in den Social-Media-Kanälen sehen, ein bewusst ausgewählter Ausschnitt der Realität ist, der unter Umständen auch noch mit Filtern und Photoshop optimiert wurde. Hier liegt eine große Gefahr, denn so wird schon der Begriff der Authentizität selbst zur Farce.

Das ist schade. Denn echte Authentizität ist unglaublich wertvoll. Sie bezieht sich nicht nur auf einen gewissen (optimierten) Ausschnitt deines Lebens, sondern umfasst dein gesamtes Sein und kann dein Gefühl zu dir selbst von Grund auf verändern.

Doch wie definieren wir Authentizität?

Auf Wikipedia steht: «Authentizität [...] bedeutet Echtheit im Sinne von Ursprünglichkeit.»[2]

Der Schriftsteller Volker Demuth schreibt in einem Artikel auf Deutschlandfunk: «Authentisch sein heißt in Kürze: Ich bin, der ich bin.»[3]

Und die Definition im Lexikon der Psychologie auf Spektrum.de beginnt mit den Worten: «Authentizität, mit sich eins sein, von einer persönlichen Aura umgeben, aus persönlicher Erfahrung entwickelt.»[4]

Das Interessante ist: Viele von uns haben eine unterschiedliche Vorstellung davon, wie Authentizität aussieht. Ich habe beispielsweise die Angewohnheit, auch fremde Menschen zu grüßen und anzulächeln, egal, wo und wann ich unterwegs bin. Viele Menschen in Deutschland empfinden das als «aufgesetzte Freundlichkeit», also den Inbegriff unauthentischen Handelns. Dabei bin ich in diesen Momenten zu 100 Prozent authentisch. Ich würde mich verstellen, wenn ich mir das Grüßen verkniffe. Wenn ich authentisch agiere, heißt das also noch lange nicht, dass ich auch so wahrgenommen werde. Das zeigt, dass es keine «Weltformel» für authentisches Handeln gibt, sondern dass wir hinsichtlich der Wahrnehmung authentischen Handelns kulturell und gesellschaftlich geprägt sind. Es hilft nichts: Wir müssen ins Gespräch kommen.

Mal abgesehen davon, dass es nahezu unmöglich ist, das Wort ohne Verhaspeln richtig auszusprechen, ist es schwierig, Authentizität wirklich zu definieren und greifbar zu machen.

Eine meiner liebsten Definitionen, die ziemlich genau meinem Empfinden entspricht, kommt von der US-amerikanischen Professorin und Autorin Brené Brown, die Authentizität definiert als «die tägliche Praxis, loszulassen, wer du glaubst, sein zu müssen, und zu umarmen, wer du bist»[5]. Es geht Brown um den Mut zur Unvollkommenheit und Verletzlichkeit. «Authentizität fordert von dir, aus vollem und tiefstem Herzen zu leben und zu lieben - selbst wenn es schwierig ist, selbst wenn du mit der Scham und Furcht ringst, nicht zu genügen, und insbesondere dann, wenn die Freude so intensiv ist, dass du Angst hast, sie zuzulassen.»[6]

Sie betont, dass Authentizität eben keine Eigenschaft ist, sondern eine bewusste Entscheidung. Dies ist ein klarer Unterschied zu dem starren Denken, Authentizität sei eine Art «Veranlagung». Wir alle können uns verändern, können lernen und uns dafür entscheiden, authentischer zu leben.

Erst einmal klingt Browns Definition also nach einer guten Nachricht. Easy! Oder?

Nun, sich einfach dafür zu entscheiden, klingt leichter, als es ist. Die Expertin betont, wie sehr wir uns durchbeißen müssen, um diese Praxis wirklich zu leben. Denn Authentizität bezieht sich keineswegs nur auf die Selbstdarstellung, die wir der Welt präsentieren, sondern auch auf das, was wir uns selbst zugestehen zu sein, zu können, zu dürfen – oder eben nicht zu sein, nicht zu können und nicht zu dürfen. Und da gibt es vermutlich auch bei dir ziemlich viele Dinge.

Die Geschichten, die wir uns selbst erzählen, kommen oft von außen. Es sind die Eltern, die ihre Kinder von klein auf prägen. Und es sind auch Lehrerinnen, Erzieher, Freundinnen, Werbeplakate, Fernsehsendungen, YouTube-Videos und Tausende andere Dinge, die in unseren Gehirnen Spuren hinterlassen und Annahmen manifestieren. Das geht so weit, das Gefühl zu haben, absolut authentisch zu sein und gar nicht zu merken, nach den Spielregeln anderer zu spielen. Viele junge Erwachsene Anfang 20 beispielsweise glauben, ihren eigenen Weg zu gehen, merken aber 20 Jahre später, dass sie völlig erschöpft sind, weil sie ihre eigenen Werte nie erkannt und unbewusst gegen sie gehandelt haben.

Dr. Daniel Amen hat in diesem Zusammenhang die wunderbar entlastende 18-40-60-Regel aufgestellt, die dabei helfen kann, authentisch zu leben:

«When you're 18, you worry about what everybody is thinking of you; when you're 40, you don't care what anybody thinks of you; when you're 60, you realize nobody's been thinking about you at all.»[7]

Wir verdrängen Gefühle und Verletzlichkeiten, Scham, Traurigkeit und Überwältigung, weil wir ständig anderen gefallen oder zumindest die Regeln der anderen befolgen wollen. Wir reden uns so lange Dinge ein, bis wir sie selbst glauben. *Das macht man nicht. Reiß dich zusammen*, sagen wir uns.

Und durch dieses Zusammenreißen verdrängen wir auch Euphorie, Freude, Ausgelassenheit und Glück. Denn das eine funktioniert nie ohne das andere. Du wirst nie das ganze Feuerwerk der Glückseligkeit abfeuern können, wenn du nicht auch richtig traurig, wütend, enttäuscht oder genervt sein kannst.

Wir untersagen uns selbst, wahrhaftig zu fühlen, uns in unserer Gesamtheit anzunehmen und wertzuschätzen. Mit allen Schmerzen und Ängsten, mit all der Scham und Unzulänglichkeit.

Stattdessen betäuben wir uns, und dabei haben wir alle unsere Strategien. Alkohol, Drogen, Konsum, Arbeit, Sport, Sex, Serienmarathons, Partys. In gewissem Maße ist das alles normal und gehört zum Leben dazu. Doch wenn du ständig betäubst, wirst du nie wirklich authentisch leben können – und da verpasst du eine ganze Menge. Sei dir stets darüber bewusst, dass du mit deiner Vielfalt und deiner Persönlichkeit einzigartig bist.

Der Wunsch nach Zugehörigkeit:
Ich will endlich «normal» sein

Ich habe selbst einen langen Weg hinter mir, wenn es um ein authentisches Leben geht. So habe ich beispielsweise im Umgang mit meiner Sehbehinderung unterschiedliche Phasen durchlebt. Anfangs erschien mir alles halb so wild, als ich mit neun Jahren erfuhr, dass ich diese unheilbare Krankheit habe, die mich nach und nach erblinden ließ. Meine Eltern haben einige emotionale Achterbahnfahrten mitgemacht. Rückblickend und nach vielen Gesprächen mit ihnen weiß ich, dass sie alle Phasen der Trauer durchgemacht haben und ihre Welt völlig aus den Angeln gehoben wurde. Umso beeindruckender ist es, dass sie vor mir die Diagnose «progressive Zapfen-Stäbchen-Dystrophie» nicht dramatisiert haben.

Als der Verdacht geäußert wurde und eine Reise zu einer spezialisierten Augenklinik anstand, war das für mich ein cooles Papa-Tochter-Abenteuer, das ich sehr genossen habe. Trotz Untersuchungen in der Klinik und schlussendlich der Bestätigung des Verdachts. Das war für mich eher nebensächlich, weil ich die Ausmaße dieser Diagnose noch gar nicht verstand. Die Reise war cool.

Kurz nachdem die Erkenntnis in unser aller Bewusstsein gesickert war, musste meine Mutter beruflich nach Brasilien. Dort erzählte ihr ein Freund, dass es eine Netzhauterkrankung gäbe, die durch Schweinefleisch ausgelöst werden könne. Sofort rief meine Mutter meinen Vater an und sagte: «Schick Lina zu mir, das müssen wir untersuchen lassen.»

Während also alle anderen Kinder zur Schule mussten, klemmte ich mir meinen Kuschelpinguin «Pingi» unter den Arm und reiste ganz allein mit dem Begleitservice der Fluglinie für unbegleitete Minderjährige von Düsseldorf nach Brasilien. Mein Pass baumelte in einer Hülle um meinen Hals, in meiner Tasche klapperten die Tic Tacs – ich fühlte mich ziemlich lässig, mit neun Jahren allein in ein Flugzeug steigen zu dürfen. Als Deutsch-Brasilianerin war ich diese Strecke tatsächlich schon häufiger geflogen, Brasilien war mein zweites Zuhause. Die Hälfte meiner Kindheit hatte ich dort verbracht, die andere Hälfte in Deutschland. Erst mit der Einschulung hatte sich mein Lebensmittelpunkt nach Deutschland verschoben. Der Flug war für mich also fast schon ein «Heimspiel». Ich fühlte mich dennoch wahnsinnig kosmopolitisch, als ich im Flughafengebäude sogar wusste, wo sich die Toiletten befanden.

Die brasilianischen Ärzte hatten jedoch auch keine andere Diagnose. Meine Eltern waren enttäuscht, wütend, verzweifelt. Doch mir war das alles gar nicht so wichtig. Ich war allein geflogen und die coolste 9-Jährige in ganz Düsseldorf und Brasilien, da war ich mir sicher.

Als wir in Rio de Janeiro an der Copacabana entlangliefen, sagte ich: «Mami, ich werde es der Medizin beweisen, eines Tages werde ich wieder sehen können.»

Damals wollte ich wohl vor allem meiner Mutter Mut machen. Ich hatte keine Ahnung, dass ich recht behalten würde - ich kann zwar nicht so sehen, wie andere das Sehen definieren, aber ich bin eine echte Meisterin in der Wahrnehmung und im Sehen mit dem Herzen.

Die Sehbehinderung stand damals für mich also weniger im Mittelpunkt als das Abenteuer, das sich für mich daraus ergab. Das gefiel mir. Ich hatte nicht das Gefühl, ein armes, bemitleidenswertes Kind zu sein, das viel Hilfe brauchte. Im Gegenteil. Ich war schon immer sehr lebendig, wild und freiheitsliebend. Das ließ ich mir nicht nehmen.

Doch ich spürte, dass mich Menschen, die von meiner Behinderung erfuhren, anders behandelten. Plötzlich hörte ich Mitleid in den Stimmen oder merkte, wie ich überprotegiert wurde. Das verwirrte mich, ich mochte diesen Umgang nicht. Ich konnte alles schaffen! Bisher war ich doch auch die Starke gewesen! Und damit ich auch weiterhin so eingeschätzt wurde, lernte ich, so zu tun, als wäre nichts. Meine Darbietung in der Rolle der Sehenden war oscarreif.

Zwar wurden meine Schulbücher jeweils in den Sommerferien um ein Vielfaches vergrößert, ich hatte doppelt so viel Zeit für Klassenarbeiten, wir gingen regelmäßig zur Beratung in die Sehbehindertenschule, und ich wurde von einem ambulanten Betreuer dabei beobachtet, wie ich im Schulalltag auf einer Regelschule zurechtkam, doch ich habe immer versucht, alles zu überspielen, besonders cool zu sein, dazuzugehören.

Mit gerade mal neun Jahren war das natürlich keine bewusste Entscheidung. Ehrlich gesagt wollte ich einfach so weitermachen wie bisher: Fahrrad fahren, reiten gehen, mit meinen Freundinnen in einer Klasse bleiben. Ich las auch weiterhin Bücher - zwar berührte meine Nase fast die Seiten, weil ich nur so die Buchstaben erkennen konnte, aber was soll's. Ich lebte einfach weiter wie zuvor.

Ein paar Jahre später, als ich in der Pubertät war, war ich sogar in Gang-Fights verwickelt. Völlig absurd - denn ich bin ein so friedliebender Mensch, dass ich keiner Fliege etwas zuleide tun kann, damals wie heute. In meiner Jugend aber haben mich die Gang-Leader quasi adoptiert. Ich war so etwas wie das Maskottchen, dem nichts angetan werden durfte. Also lief ich mit Bomberjacke durch Düsseldorf, irgendwer schenkte mir ein Butterflymesser, mit dem ich nichts anderes tat, als es lässig in der Hand zu drehen und wahnsinnig wild auszusehen. Viele andere Jugendliche hatten Angst vor mir. Aus heutiger Sicht muss ich laut lachen, wenn ich daran denke. Angst! Vor mir! Ich und gefährlich! Die Lina, die mit sechs Jahren wie eine kleine, dicke Hummel im Ballettunterricht stand und gestört hat, weil sie immer Lambada statt Ballett tanzte, war plötzlich das Thema der krassesten Gerüchte. Die düstere Gang-Szene Düsseldorfs - und ich mittendrin.

Heute erkläre ich mir diese Entwicklung damit, dass ich in diesen Gruppen ein starkes Gefühl der Zugehörigkeit empfand. Die Loyalität und der Zusammenhalt vermittelten mir Sicherheit. Leider ging das damit einher, dass ich die Schule schwänzte, aufhörte zu reiten und mit dem Rauchen begann. Das gehörte eben auch dazu, wenn man cool sein wollte. Meine Noten wurden schlechter, auch wenn ich stets sehr wissbegierig war. So wissbegierig, dass ich nachbohrte, die Lehrkräfte pausenlos an die Wand quatschte, Diskussionen führte, bis alle die Schnauze voll von mir hatten. Meine Noten waren kein Ergebnis mangelnder Intelligenz, sondern meines nervtötenden Verhaltens.

Zum Ende der achten Klasse wurde mir allerdings bewusst, dass ich mir selbst gerade meinen Weg verbaute. Ich wollte immer Unternehmerin werden, BWL studieren. Das war schon sehr früh klar, weil auch meine Eltern Unternehmer waren. Doch wenn ich vom Gymnasium flog, würde daraus nichts werden. Also nahm ich mir fest vor, in der neunten Klasse besser zu werden.

Doch es war zu spät. Die Lehrerinnen wollten mich nicht mehr unterrichten, ich war zu frech gewesen, und meine Noten waren zu schlecht.

«80 von 86 Lehrkräften möchten Lina nicht mehr unterrichten», sagte mein Klassenlehrer meinen Eltern in einem Gespräch. Er empfahl, dass ich bereits zum Halbjahr ginge, anstatt am Ende des Schuljahres von der Schule zu fliegen. Er war sich sicher, dass ich mein Abitur schaffen würde. «Lina ist schlau. Sie packt das. Aber hier ist zu viel verbrannte Erde, über die so schnell kein Gras mehr wächst. Hier wird sie nicht mehr fair behandelt.»

Mir war nur allzu bewusst, dass ein Wechsel nötig war, um

wieder in die Spur zu kommen, in der ich selbst gern fahren wollte. Ich wechselte also auf die Realschule, sehr zum Ärger meines Vaters.

Ich realisierte, dass mein Abitur damit ernsthaft in Gefahr war. Holla, die Waldfee, habe ich Gas gegeben! Auf der neuen Schule setzte ich mich brav in die erste Reihe und kommunizierte zum ersten Mal meine Sehbehinderung offen nach außen. Endlich hatte ich mich getraut. Das war für mich ein großer Schritt. Ich spielte niemandem mehr etwas vor, sondern wollte zeigen, was ich konnte. Ich fühlte mich zwar noch unsicher wie eine junge Giraffe, die auf ihren staksigen Beinchen die ersten Schritte wagt, doch ich wollte es unbedingt schaffen, alles richtig zu machen.

Eines Vormittags stand meine Klassenlehrerin am Pult und seufzte genervt, als ich sie mal wieder darum bat, mir die Inhalte auf der Tafel noch einmal vorzulesen. Ich sackte in mir zusammen. Es fiel mir sowieso schwer, die Extrawurst zu verlangen. Wenn ich ablehnende Reaktionen kassierte, wurde es noch schwerer. Doch es blieb nicht dabei. So, dass es alle Mitschüler hören konnten, sagte sie: «Lina, deine Eltern sind wohl zu geizig, dir eine Augen-OP zu bezahlen.»

Ich erstarrte. Wie ein Kaninchen vor der Schlange, gelähmt vor Entsetzen. Ich traute mich nicht, mich umzusehen. Meine Ohren rauschten, das Blut schoss mir in den Kopf, und in meinem Bauch verkrampfte sich etwas.

«Ich ... äh ... müsste mal auf die Toilette», sagte ich. Ein paar Minuten stand ich wie gelähmt vor dem Handwaschbecken. Ich war zu überwältigt für Tränen. Dann ging ich wieder in den Klassenraum, in dem der Unterricht bereits fortgesetzt wurde, als sei nichts gewesen.

Als ich an diesem Tag nach Hause kam, habe ich geweint wie kaum je zuvor in meinem Leben. Zwar gab es in den Folgetagen ein Gespräch mit der Lehrerin, in dem ich für mich einstand und ihr ins Gesicht sagte, wie verletzend ihre Aussage war, dennoch saß der Schmerz tief und erstickte meine neue Offenheit im Keim. Es war ein Tritt in die Magengrube gewesen, bei dem mein Mut zerplatzte.

Ich wählte den leichteren Weg und fand zurück zu meiner Performance, alles genauso gut zu können wie Sehende. Ich versteckte meine Behinderung wieder, so gut es ging. Es war besser so, dachte ich. Ich hatte ja sowieso immer gelebt und gehandelt wie eine Sehende, also machte ich einfach weiter, statt offene Worte zu riskieren.

Im Jahr 2000 schloss ich die Realschule mit Bestnote ab und wechselte auf das Wirtschaftsgymnasium. Ich hatte mich nach dem Vorfall berappelt, meine Performance, die Sehende zu spielen, war mir mal wieder in Fleisch und Blut übergegangen. Ich war stolz auf meine guten Noten und herausragenden Leistungen, war eine lebensfrohe Teenagerin mit ganz normalen Sorgen und ganz normalen Hobbys. «Ganz normal sein» war sowieso immer mein großes Ziel gewesen.

Später fragte mich eine Therapeutin: «Was bedeutet es in Ihren Augen, ‹normal› zu sein? Was ist denn ‹normal›?»

Mir wurde bewusst, dass ich unter «Normalsein» vor allem verstand dazuzugehören. Ich lebte nicht authentisch, also so, wie ich wirklich war, sondern ich versuchte mit aller Kraft, den «gefühlten» Erwartungen von außen zu entsprechen. Aufgrund meiner Sehbehinderung und meiner deutsch-brasilianischen Herkunft wünschte ich mir nichts mehr, als «so wie die anderen» zu sein, die zumindest rein objektiv betrachtet keinerlei Identitätskonflikte hatten.

Heute weiß ich, dass das Unsinn ist. Alle Kinder und Jugendlichen haben ihre inneren Kämpfe beim Erwachsenwerden. Sie fühlen sich zu dick oder zu dünn, zu dumm oder zu unsportlich, kämpfen mit Pickeln, zu schneller oder zu langsamer körperlicher Entwicklung, mit Zukunftsängsten, mit ihrem Dasein als Scheidungskind, mit Geschwisterkonflikten, mit kranken Eltern oder anderen Dingen.

Es gibt tausend Gründe, sich nicht zugehörig zu fühlen, erst recht, wenn man in der Pubertät und auf der Suche nach sich selbst ist. Und das Verrückte ist: Alle denken, dass die anderen normal seien und ausschließlich sie selbst aus dem Rahmen fielen. Dabei scheint uns dieses Gefühl des Aus-dem-Rahmen-Fallens alle zu verbinden. Es ist ein kollektives Nichtdazugehören, das wir alle erleben. Ja, tatsächlich gibt es eigentlich kaum eine Person, die ihr Leben lang glücklich und zufrieden «im Rahmen» gelebt hat. Wir purzeln und stolpern durch die Gegend, doch wenn jemand guckt, tun wir so, als wüssten wir, wie der Hase läuft und wo es langgeht.

Wenn ich heute als Coach oder Beraterin mit Unternehmen arbeite und über Inklusion spreche, erlebe ich oft, dass einige Menschen gar nicht so recht verstehen, was Inklusion eigentlich bedeutet. Eine globale Umfrage hat gezeigt, dass 76 Prozent der befragten Organisationen ein Budget für Diversity- und Inclusion-Initiativen besitzen. «Allerdings verfügen viele entweder nicht über geeignete Daten oder nutzen vorhandene Daten nicht effektiv genug, um ihre Strategien voranzutreiben und einen geschäftlichen Mehrwert zu erzielen», so die Studienergebnisse.[8]

Die Recherche zu diesem Thema bestätigt mein Gefühl, dass die meisten Unternehmen überhaupt keine Vorstellung davon haben, was die Menschen, die durch diese Programme unterstützt werden sollen, eigentlich empfinden und brauchen. Wenn ich in solchen Unternehmen bin, bitte ich Führungskräfte gern, sich an ihre Pubertät zurückzuerinnern.

«Haben Sie auch mal die falschen Schuhe getragen? Waren Sie auf die coole Party nicht eingeladen? Oder wurden Sie als Letztes in die Mannschaft gewählt?», frage ich sie.

Alle nicken. Ich spüre, wie die Erinnerungen in den Köpfen aufpoppen.

«Wie haben Sie sich gefühlt?»

Die Antworten sind immer die gleichen: ausgegrenzt, beschämt, unwohl oder allein. Und genau darum geht es bei Inklusion. Um dieses Gefühl, das so ätzend ist. Wir alle kennen es, auch wenn wir nicht offensichtlich zu einer Minderheit der Gesellschaft gehören. In diesem Moment des Fühlens rutscht das Verständnis, wie wichtig Inklusion ist, vom Kopf ins Herz. Dann ist Inklusion nicht mehr nur mit unternehmerischen Kosten verbunden, die «wohl heutzutage sein müssen», sondern dann ist es eine menschliche Notwendigkeit, inklusiver zu leben. Weil das Gefühl, ausgeschlossen zu sein, einsam zu sein, nicht dazuzugehören, uns seelisch krank machen kann.

Auch der Psychologe Dr. Leon Windscheid betont in einem Podcast, dass es wichtig ist anzuerkennen, dass in uns allen angelegt ist, dazugehören zu wollen. Der Spruch «Es ist mir egal, was andere von mir denken» klinge zwar gut, stark und selbstbewusst, doch widerspreche er der menschlichen Psyche. Denn jeder Mensch brauche Anerkennung, so der Experte.[9]

Manchmal haben wir den Eindruck, dass auf diese Weise ein Spannungsfeld entsteht. Du willst dazugehören und die Anerkennung anderer – aber du willst auch deinen eigenen Werten folgen und authentisch leben. Ja, was denn nun?

Ich glaube, es ist wichtig, dass sich jeder von uns überlegt, *wo* und *zu wem* er dazugehören will. Es wird nie so sein, dass dich alle mögen. Aber es sollte Menschen geben, deren Kritik dir schnurzpiepegal ist, und andere, auf deren Meinung du Wert legst. Wähle diese Menschen mit Bedacht aus. Denn du gibst ihnen die Macht, dein Leben zu beeinflussen. Bedenke das unbedingt auch, wenn du merkst, dass du dir Kritik von Menschen, die du eigentlich gar nicht kennst, zu Herzen nimmst. Sind dir diese Menschen wichtig? Dürfen sie deine Stimmung und dein Handeln, das du eventuell nach einer Kritik entsprechend veränderst, beeinflussen? Und wenn sie das nicht dürfen: Wieso lässt du sie dann?

Ich bin davon überzeugt, dass es mit einem offenen Herzen und authentischem Handeln möglich ist, weder die eigenen Werte zu verraten noch allein und einsam dazustehen. Zugehörigkeit und Authentizität widersprechen sich nicht. Sie bedingen einander.

Und damit kommen wir wieder zur Inklusion. Inklusion bedeutet, dass wir uns öffnen und es möglich machen, unterschiedliche Bedürfnisse zu inkludieren. Im Grunde genommen geht es darum, dass Menschen authentisch leben und sich dabei zugehörig fühlen dürfen. Und das ist ein Punkt, den ich in den aktuellen Debatten über Inklusionsthemen immer wieder schwierig finde: Wir fokussieren marginalisierte Gruppen so sehr, dass wir übersehen: *Wir alle* verdienen Inklusion. Weil wir alle unsere Werte und Überzeugungen leben und gleichzeitig das Gefühl von Zugehörigkeit empfinden wollen. Inklusion ist also nicht nur für Menschen mit Behinderungen relevant, sondern für uns alle.

Ein Beispiel zur Verdeutlichung: Ich war bei einem Zoom-Meeting mit mehreren Teilnehmenden dabei. Am Ende ging es darum, Feedback zu geben. Ich meldete mich.

«Für mich war es heute ehrlich gesagt nicht so hilfreich. Ich bin nicht richtig mitgekommen, konnte nicht viel beitragen, und das Format war nicht gut für mich», gab ich zu.

Die Reaktion war vorbildlich: «Okay, Lina. Danke für deine Rückmeldung! Das tut uns leid. Was können wir besser machen? Wie können wir dir helfen? Woran lag's?»

Ich konnte als Frau mit Behinderung also offen eine Form der Verletzlichkeit zeigen, mir wurde Verständnis entgegengebracht, und es wurde lösungsorientiert nachgefragt.

Nach mir meldete sich dann ein Herr zu Wort. Mitte 50, deutsch, weiß, Führungskraft, im schicken Anzug. Kurz: Er vereinte so ziemlich alle Privilegien, die man haben kann.

«Ich bin auch nicht so richtig ins Meeting reingekommen», sagte er. «Mir ging es ähnlich wie Lina.»

Die Antwort war - und das habe ich wortwörtlich so erlebt: «Na komm, stell dich nicht so an.»

Ich frage mich bis heute, wieso die anderen ihm nicht lösungsorientiert begegnet sind, wieso seine Meinung weniger zählte. Sein Empfinden ist nicht weniger wert als meins, und er sollte seine Vulnerabilität nicht verstecken müssen, nur weil er ein Mann ohne Behinderung ist und ich eine Frau mit Behinderung bin. Diese Voraussetzungen hatten nichts mit der Zusammenarbeit in diesem Meeting zu tun. Und er wurde in dem Moment ausgegrenzt.

Genau das meine ich, wenn ich sage, dass Inklusion ein Grundrecht aller Menschen sein sollte, kein Privileg für Minderheiten. Es geht darum, dass wir uns gegenseitig zuhören. Uns ernst nehmen. Und uns als Menschen, nicht als bevor- oder benachteiligte Gruppenmitglieder begegnen.

Vom Versteckspiel zur Überkompensation

Zurück zu meiner Schulzeit. Ich hatte es nun also von der Realschule, in der ich meine Krankheit nach dem Erlebnis mit der Lehrerin, so gut es ging, versteckt habe, auf das Wirtschaftsgymnasium geschafft.

Nach gerade einmal drei Wochen bekam ich eine fiese Magen-Darm-Grippe – doch was danach geschah, war viel schlimmer als die Krankheit selbst. Als ich wieder in den Unterricht kam, erlebte ich etwas Merkwürdiges. Plötzlich sprach niemand mehr mit mir. Alle drehten sich von mir weg, niemand erklärte mir, was in den letzten Tagen durchgenommen wurde. Im Unterricht schob ich meiner Mitschülerin einen Zettel zu, in meiner furchtbar krakeligen Handschrift.

«Was ist los? Was ist passiert? Ich war doch nur krank!»

Sie las den Zettel und schnaufte kurz verächtlich. Ohne mich anzuschauen, schrieb sie nur einen Satz:

«Ich habe dich durchschaut.»

Ich runzelte die Stirn und bat sie um ein Gespräch in der Pause. Ich kannte diese Mitschülerin bereits von der Realschule, wir wussten also, mit wem wir es zu tun hatten.

Die Pause kam. Sie lehnte lässig an einem Holzpfahl, die Arme verschränkt. Wieder fragte ich, was passiert sei. Ich hatte wirklich keine Ahnung.

«Ich habe dich durchschaut. Du sagst zwar, dass du kaum etwas sehen kannst, aber eigentlich siehst du alles.»

Ich öffnete den Mund, um etwas zu sagen, doch mir fehlten die Worte. Sie sprach weiter.

«Du hast einfach nur Minderwertigkeitskomplexe, ey. Du spielst das alles vor, um Aufmerksamkeit zu kriegen. Und ich habe das jetzt gecheckt. Du könntest keine Eishockeyspiele anschauen, feiern gehen und überall mit dabei sein, wenn du wirklich fast blind wärst. Ich hab's allen gesagt. Dir glaubt niemand mehr. Hör auf, dich lächerlich zu machen.»

Ich war völlig vor den Kopf gestoßen. Mein Mund war trocken, und auch wenn ich äußerlich völlig ruhig war, tobte in mir ein emotionaler Hurrikan.

Vielleicht hast du schon einmal von den 4F-Reaktionen gehört, die durch Stress entstehen: fight, flight, freeze, fawn.[10] Also: Kampf, Flucht, Erstarren und Unterwerfung («fawn» heißt eigentlich «Rehkitz», meint aber den Versuch, Sicherheit durch Unterwerfung oder Schmeicheleien herzustellen). In diesem Moment trafen zumindest die ersten drei Fs – fight, flight und freeze – alle gleichzeitig auf mich zu. Ich erstarrte, wollte wegrennen und meiner Mitschülerin gleichzeitig am liebsten eine saftige Backpfeife verpassen. Wie konnte sie es wagen, so etwas zu sagen?

Im Fight-Modus schleuderte ich ihr entgegen: «Du hast keine Ahnung, was du da sagst. Nicht einmal meinem schlimmsten Feind würde ich meine Sehbehinderung wünschen. Nichts daran ist erstrebenswert. Wieso zur Hölle sollte ich das erfinden?!»

Dann packte ich meine Sachen und ging ohne ein weiteres Wort nach Hause – ich konnte nur noch schluchzen.

In den folgenden Tagen ging ich nicht mehr zur Schule. Ich

geriet in meine erste depressive Phase und begann mit einer Therapie. In den Wochen und Monaten darauf verstand ich Stück für Stück, dass ich mit meiner auf Hochglanz polierten Selbstdarstellung den perfekten Nährboden für solche Gerüchte geschaffen hatte. Ja, meine Mitschülerin hatte sich mies verhalten. Doch am Ende ist sie in eine Falle getappt, in die wir alle immer wieder tappen: das Schubladendenken. *Blind sein und ein normales Teenagerleben führen? Spaß haben mit Behinderung? Da stimmt doch etwas nicht!* Es passte für meine Mitschülerin nicht zusammen, dass ich als fast Blinde so normal lebte. Auch ohne Behinderung begegnen uns immer wieder zahlreiche Vorurteile:

Karriere und Elternschaft verbinden?
Unmöglich, die haben doch fünf Nannys.
Longboard fahren als Frau?
Die versucht doch nur, cool zu sein.
Ein Handwerker, der einen Roman schreibt?
Das kann ja nichts werden.

Das sind alles Bilder in unseren Köpfen, die erst einmal nichts mit der Realität zu tun haben.

Doch eines muss ich trotzdem zugeben: Zu der Situation mit meiner Mitschülerin konnte es nur kommen, weil ich tatsächlich nicht authentisch war und eine Rolle gespielt habe. Ich versteckte mich hinter der Fassade der perfekten Lina, die alles kann. Dass ich zu dem Zeitpunkt nur sechs Prozent Restsehfähigkeit hatte, versuchte ich zu überspielen - vor den anderen, aber auch vor mir selbst. Doch dieses Erlebnis zeigte mir, dass das Ignorieren meiner Krankheit nach hinten losgehen würde.

Also fing die nächste Phase an. Ich begann, meine Erkrankung zu akzeptieren, auch wenn ich sie noch nicht wirklich umarmen konnte. Es war kein «Ja», sondern ein «Ja, na ja, aber trotzdem».

Ich gönnte mir nach der Schule einige Monate, in denen ich eine Weltreise machte. An den vielen fremden Flughäfen nahm ich Hilfe in Anspruch, und immer wieder erklärte ich Menschen meine Sehbehinderung, damit sie besser wussten, wie sie mir helfen konnten. Das fiel mir leicht, denn in den völlig fremden Städten kannte ich mich wirklich nicht aus, und so gern ich es auch gewollt hätte, ohne Hilfe ging es nicht. Aber es war okay, weil die Hilfe stets auf einzelne Serviceangebote begrenzt war.

Als wir in Neuseeland waren, gingen meine Freundinnen Ski fahren. Für mich wäre das mit einem Begleitsportler zwar auch möglich gewesen, doch dieser war so teuer, dass ich mich dagegen entschied. Dieser Schritt war nicht einfach, weil mein «Ich kann alles schaffen»-Ideal Risse bekam.

Ich haderte mit mir, vor allem mit dem Schicksal.

In Momenten wie diesen ist es unglaublich wichtig, mit anderen zu sprechen. Auch ich habe mit einer älteren Freundin, die eigentlich eine Freundin meiner Mutter war, telefoniert, die mir Mut zusprach und mir erklärte, dass es nicht schlimm sei, nicht alles mitzumachen; das gehe anderen Leuten aus anderen Gründen manchmal genauso. Sie riet mir, trotzdem eine gute Zeit zu haben und das Leben zu genießen.

Schließlich habe ich mir ein Sandwich geholt, bin an einen traumhaft schönen See gegangen und habe die Zeit allein tatsächlich zelebrieren können.

Es war keine magische Erleuchtung, durch die ich plötzlich alles akzeptieren und mein Leben mit Behinderung umarmen konnte. Es waren kleine Schritte. Aber es gab sie. Wie diesen Moment auf der Bank am See.

Ich lernte, mit Grenzen, die meine Krankheit mir aufzeigte, zu leben und über meine Bedürfnisse zu reden. Und auch dass ich meine Realität teilen musste, wenn ich nicht wieder so ein Erlebnis wie am Wirtschaftsgymnasium haben wollte.

Klingt nach einem Happy End und einer Versöhnung mit mir selbst? Leider nicht. Denn ich akzeptierte zwar die Sehbehinderung und auch, dass ich nicht Ski fahren konnte, doch ich sah nicht ein, Einschränkungen in meiner langfristigen Lebensplanung hinnehmen zu müssen.

Ich kippte also in das andere Extrem: eine Akzeptanz, die mit einer Überkompensation verbunden war, um den anderen und mir selbst zu beweisen, dass ich *trotzdem* alles schaffen konnte. In der Schule hatte ich versucht, meine Behinderung zu verstecken. Das tat ich nicht mehr. Doch der Drang, es allen zeigen zu wollen, wurde noch stärker. *Jetzt erst recht.*

In meinen Zwanzigern stand ich dann permanent auf dem Gaspedal. Schon in der Schule war ich immer diejenige, die am meisten lernte. Auf der Realschule schloss ich als Jahrgangsbeste ab, auch auf dem Wirtschaftsgymnasium gehörte ich zu den Besten. Frei nach dem Motto: Nehmt das, Kritiker! Seht mal, selbst ohne Sehfähigkeit bin ich besser als ihr Luschen! Ätsch!

Und so ging es weiter. Ich arbeitete in meinem ersten Job 60 bis 70 Stunden pro Woche, feierte am Wochenende bis in die Morgenstunden, trank zu viel, gab zu viel Geld aus. Meine Kleidung war maßgeschneidert und teuer, und wer in meine Wohnung kam, blickte als Erstes auf 140 Paar Schuhe, aufgereiht in drei großen Regalen. 140 Paar Schuhe, die symbolisierten, dass so ziemlich alles in meinem Leben zu viel war. Niemand braucht 140 Paar Schuhe. Heute habe ich zwei Paar und bin sehr zufrieden damit. Doch damals musste ich von allem immer mehr, mehr, mehr haben. Ich war «drüber», in allen Belangen. Und das Schlimmste: Ich habe mich dafür gefeiert. Ich war stolz auf mich, allen zeigen zu können, dass ich es vermeintlich geschafft hatte. Mit Sehbehinderung! Und ich verstand nicht, dass all der Konsum, die Partys und der Alkohol eine Form der Betäubung waren.

Gefährliche Körperbilder:
Seht nur, wie schön ich bin!

Auch hinsichtlich meines Körpers gab es diese Phase, in der mich der Wunsch nach Zugehörigkeit in ungesunde Verhaltensweisen trieb. Ich sag's dir ganz ehrlich: Erst in den letzten fünf Jahren habe ich es geschafft, meinen Körper zumindest meistens zu mögen. Ich will nicht sagen, dass ich ihn immer liebe und feiere, aber meistens bin ich stolz darauf, wie er mich durchs Leben trägt und wie viel Raubbau er souverän weggesteckt hat. Ich wertschätze meinen Körper zunehmend für seine Funktionen, statt nur seine Formen anzusehen. Dieser Körper ist bereits mehrere Marathons gelaufen, hat bisher jeden Infekt verkraftet, früher viel Alkohol abgebaut und Tag für Tag alle Körperfunktionen aufrechterhalten. Ziemlich großartig, finde ich. Leider hat es viele Jahre, ach, sogar Jahrzehnte gedauert, bis ich diese Wertschätzung aufbauen konnte. Ich glaube, dass ich damit nicht allein bin, und möchte dir deshalb berichten, wie es bei mir ablief.

Die Weltreise, die ich nach meinem Abitur gemacht habe, endete in Brasilien. Brasilien ist ein sehr extrovertiertes, körperbetontes Land. Ich lebte einige Monate bei einer sehr guten Freundin meiner Mutter, Fernanda. Sie kannte mich seit meiner Geburt, war und ist eine meiner engsten Vertrauten – fast schon wie eine Zweitmami. Ich liebe sie von Herzen und sie mich.

Aus dieser Liebe heraus wollte sie stets das Beste für mich. Sie gönnte mir alles, die besten Jobs, die schönsten Männer, das großartigste Leben. Und in ihren Augen gehörte ein schlanker, sportlicher Körper dazu, wenn ich diese Ziele erreichen wollte. Sie hatte sehr krasse Idealvorstellungen. Als ich in Brasilien ankam, habe ich etwa 82 Kilogramm gewogen. Fernanda war aber der Meinung, bei meiner Größe dürfe ich maximal 57 Kilo wiegen.

«Hast du nicht Lust, wirklich attraktiv zu sein?», fragte sie mich. «Du wirst dich wundern, wie anders du wahrgenommen wirst.»

Sie wollte mich nicht kleinmachen oder mir einreden, ich sei unattraktiv, sondern sie hatte die positive Intention, mir mehr Anerkennung zu wünschen. Damals konnte ich nicht erkennen, dass sie von *ihren* Idealvorstellungen sprach, dass es *ihre* Realität war und nicht meine. Ihr Glaubenssatz war: Erfolg, Glück und Liebe seien nur mit einem schlanken Körper möglich. Ich hätte mich davon abgrenzen, ihre Realität mit meiner abgleichen können. Tat ich aber nicht.

Ich war auf der Weltreise sehr glücklich gewesen und hatte mich nicht allzu sehr mit meinen Körpermaßen auseinandergesetzt. Doch anstatt diese – *meine* – Realität zu teilen, begann ich, meinen Körper durch ihre Augen zu bewerten. Ich nahm ihre Sichtweise an und war mir plötzlich sicher, dass hier der Schlüssel lag und sie recht hatte. Ein neuer Gedanke war in meinen Kopf gepflanzt worden und wuchs, ach was, er wucherte geradezu: *Ich fühle mich nicht zugehörig, weil ich nicht schlank genug bin! Wenn ich abnehme, wird sich alles ändern, und die Leere in mir wird verschwinden.*

In dieser Zeit war ich in verschiedenen «Störungsframes» gefangen, wie die Coachin und Autorin Petra Bock sie bezeichnet. Auch wenn ich das erst rückblickend verstanden habe.

Petra Bock hat sieben Störungsframes identifiziert, die «immer dann auftauchen, wenn Menschen sich selbst oder andere blockieren. Die sieben Störungsframes sind: Katastrophendenken, Bewertung, Druck, Misstrauen, Selbstverleugnung, ein Festhalten an starren Regeln und Übermotivation.»[11]

In Brasilien waren die Themen Bewertung und das Festhalten an starren Regeln bei mir besonders präsent. Ständig betrachtete ich meinen Körper, fand ihn nicht schlank genug, nicht muskulös genug, nicht fit genug. Interessanterweise ist auch diese Bewertung immer mit dem tiefen Wunsch nach Zugehörigkeit verbunden. «Wir neigen dann dazu, uns anzupassen und gleich zu machen, statt die Vielfalt zu leben, die uns und andere auszeichnet.»[12]

Wir pressen uns in Kategorien, gut und schlecht, oben und unten. Wenn wir nicht perfekt sind, bezeichnen wir uns als Versager. Dabei kann es um den Job, um die Figur, um den hübschen Vorgarten oder um die Auf- und Abwertung verschiedener Kulturen oder Religionen gehen. Kurz: Der Störungsframe der Bewertung schränkt unsere Lebensfreude immens ein und versagt uns Offenheit und Toleranz.

Ich steckte damals ganz tief in diesem Denken drin. Statt meine Kurven zu feiern, die, wie ich heute weiß, einfach zu mir gehören, wollte ich einem Idealbild einer superschlanken, sportlichen Frau entsprechen. Also ging ich täglich drei Stunden ins Fitnessstudio. Spinning, Krafttraining, das volle Programm. Ich habe fünfmal die Woche trainiert, am Wochenende reiste ich in andere Städte und ging dort joggen, um weiterhin Kalorien zu verbrennen. Meine Ernährung: Low Carb, Low Fat, ach, eigentlich Low Everything. Ich aß kaum etwas.

Hier wird deutlich, dass durch den Bewertungsframe bei mir auch andere Störungsframes aktiviert wurden, unter anderem «Druck» und «Übermotivation».[13] Ich stresste mich, setzte mich unter Druck und fand kein gesundes Maß. Ich übertrieb es völlig.

Das Schlimmste war: Es funktionierte. Und damit bekamen all diese Gedankenspiralen ordentlich Futter. Ich konnte auf einmal andere Klamotten anziehen, und ja, ich habe sehr viel mehr Anerkennung für mein Äußeres bekommen als je zuvor. Die Leute drehten sich zu mir um, und ich hatte das Gefühl, endlich die «sexy hexy» nach außen zu kehren, die schon immer in mir gesteckt hat. (Heute weiß ich, dass diese sexy hexy auch kurvig sein darf und damit nicht weniger sexy ist.)

Hier wurde ein weiterer Störungsframe sehr deutlich, den Petra Bock als «starre Regeln» bezeichnet. Dieser ist geprägt von Wenn-dann-Konstruktionen. «Wir stören uns heute mit einer Fixierung auf starre Regeln, wenn wir meinen, die Dinge würden nur so und nicht anders funktionieren», so Petra Bock.[14]

Dieser Störungsframe war ständig in meinem Kopf präsent - nur dass ich ihn nicht als diesen erkannte. *Wenn ich ge-mocht werden will, muss ich dünn sein. So läuft's eben.* Ich dachte wirklich, das sei eine unumstößliche Wahrheit. Dass ich tatsächlich anerkennende Pfiffe bekam, nährte dieses Denken.

Im Januar 2004 flog ich zurück nach Deutschland, um Bewerbungsgespräche für mein Bachelor-Studium zu führen. Zu diesem Zeitpunkt habe ich zum ersten Mal weniger gewogen als meine Schwester, die von Natur aus schon immer sehr schlank war. Ich zog eine Hose von ihr an - sie war mir zu weit. Mit den Kilos war mir offensichtlich auch mein Anstand abhandengekommen, denn ich blickte auf den schlackernden Hosenbund und sagte: «Boah, du bist aber ganz schön fett.»

Erst Jahre später erzählte mir meine Schwester, wie tief verletzt sie in diesem Moment war und dass sie lange an diesem Kommentar zu knabbern hatte.

Ich habe damals 54 Kilogramm gewogen. Innerhalb von drei Monaten hatte ich 28 Kilogramm abgenommen - und das war alles andere als gesund. Ich sah ehrlicherweise nicht sexy, sondern krank aus. Mein Körperbau ist nicht dafür gemacht, so dünn zu sein. Doch anstatt zu merken, dass ich die letzten Monate in einer kranken Bubble gelebt hatte, feierte ich mich mal wieder. Zu meinem 21. Geburtstag schmiss ich eine riesige Party. Jung, schlank, erfolgreich, beliebt - mein Jetset-Leben war grenzenlos. Ich ließ die Kreditkarte glühen und betäubte mich mit Konsum und Alkohol.

Rückblickend hätte ich mir gewünscht, dass mir von außen Grenzen gesetzt worden wären. Denn das ist die Schattenseite der Aussage «Du kannst alles werden, was du willst». Es kann kippen. In eine Maßlosigkeit, in Überfluss und Überdruss, in Übertreibungen und Betäubung, die mit Authentizität nichts mehr zu tun haben. Solange wir die Möglichkeit haben, alles wegzudrücken, tun wir es auch. Ach, die menschliche Psyche ist doch interessant.

Ich hatte stets das Gefühl, mich beweisen zu müssen. Vor meinem Umfeld, vor meinen Eltern, vor meinen Arbeitgeberinnen, vor mir selbst. Ich führte dieses Leben nicht, weil ich mich wirklich so großartig fand, wie ich es vorgab. Sondern weil ich auf gar keinen Fall als Opfer meiner Erkrankung gesehen werden wollte. Ich wollte keine Jobs aus Mitleid, wollte nie die arme behinderte Lina sein, die Unterstützung benötigte.

In dieser Jetset-Zeit nahm ich nicht einmal mehr die Hilfe an Flughäfen in Anspruch. Ich flog viel durch Deutschland (damals hatte ich leider noch nicht das Umweltbewusstsein von heute), ab und zu nach Brasilien. Obwohl es überall entsprechende Hilfen für Sehbehinderte gibt, habe ich mich dagegen gesträubt. «Ich kann das. Ich brauche euch nicht», war mein Credo.

Heute nenne ich den Flughafen-Service meinen persönlichen VIP-Service und bin manchmal geradezu traurig, wenn ich mit meinem Mann unterwegs bin, weil mir dann niemand die Koffer trägt und ich nicht als Erste in den Flieger darf. Ziemlich bescheuert, dass ich dieses Privileg damals abgelehnt habe. Doch der Drang nach Unabhängigkeit und Selbstständigkeit war so groß, dass ich lieber Flüge verpasste - sogar die interkontinentalen! - und viel Geld verlor, als mir die vermeintliche Blöße zu geben, Hilfe zu benötigen.

Ist das nicht verrückt? Und all das nur, um «dazuzugehören». Um nicht aus dem Rahmen zu fallen. Und um auf gar keinen Fall wirklich zu zeigen, wie und wer ich wirklich bin.

Ich weiß, dass ich mit solch einem Verhalten keine Ausnahme bin. Den menschlichen Hang zur Betäubung erwähnte ich ja bereits. Bei mir waren es Arbeit, Sport, Leistung, Konsum und Alkohol – bei anderen Menschen zeigen sich auch ganz andere Ausprägungen. Was ist es bei dir?

Der soziale Vergleich: Wieso sind alle besser als ich?

Ich würde gern auf die Generation Z schauen, die eine neue Arbeitsmoral verkörpert. Irgendjemand sagte mir kürzlich, dass die Gen Z es geschafft hätte, sich von den erwähnten Statussymbolen wie teuren Schuhen und exzessiven Partys zu lösen und damit auch weniger zu betäuben. Dass die jungen Menschen mehr hinschauen und viel bewusster leben.

Vielflieger und Dienstwagen? – Viel zu umweltschädlich.
Zig Schuhe und exzessives Shoppen? – Nicht mit einem
nachhaltigen Konsum zu vereinbaren.
Alkoholexzesse? – Ungesund.

1995 gab es eine Sparkassen-Werbung, in der die Veränderungen der letzten Jahrzehnte nur allzu offensichtlich werden. In dem Spot treffen sich zwei Männer. Der eine prahlt mit Fotos: «Mein Haus, mein Auto, mein Boot.» Daraufhin lächelt der andere und kontert mit seinen Statussymbolen: «Mein Haus, mein Auto, mein Boot, meine Pferde, meine Pferdepflegerinnen.»[15]

Mal ganz abgesehen von dem Sexismus, dass Frauen objektifiziert und als Statussymbole präsentiert werden – urgh! –, ist diese Werbung insgesamt ziemlich aus der Zeit gefallen. Junge Menschen können heute tatsächlich wenig damit anfangen, solche Ziele im Leben zu verfolgen.

Doch ich glaube nicht, dass es deshalb keine Statussymbole, Betäubungsstrategien und Belohnungsmechanismen mehr gibt. Wie würden sich junge Menschen heute vergleichen, begegnen, überbieten?

«Mein Coach, mein Sabbatical, mein Yogastudio.»

Oder: «Meine Morgenroutine, mein New-Work-Job, meine Achtsamkeitstrainerin.»

Und das meine ich überhaupt nicht so zynisch, wie du es vielleicht gerade wahrnimmst. Im Gegenteil. Hey, wir sind alle Menschen und brauchen Belohnungen und Ziele. Das sind normale Bedürfnisse. Tatsächlich gibt es in der Wissenschaft verschiedene Definitionen der psychologischen Grundbedürfnisse, doch sowohl das Bedürfnis nach Wertschätzung als auch das Bedürfnis nach Verbindung sind in allen Theorien zu finden. Und dabei ist es egal, ob der Mensch 20 oder 90 Jahre alt ist.

Das ist alles gar nicht so komplex und neu, wie man meint. Es haben sich nur die Art und Weise und die Ausprägungen dieser Ziele verändert. In gewisser Hinsicht möchten wir alle stolz auf das sein, was wir erreicht haben, und dafür Applaus bekommen.

Ich glaube, dass ein Bewusstsein für diese Gemeinsamkeiten, für dieses zutiefst menschliche Bedürfnis nach Anerkennung, Belohnung und Zugehörigkeit helfen könnte, Generationenkonflikte zu überwinden. Statt zu verurteilen und Unverständnis zu äußern, lohnt es sich, Verbindungen zu suchen und das Menschliche in uns allen herauszukitzeln.

Ich glaube, dass meine Generation, die Millennials (geboren zwischen 1981 und 1996), dabei eine besondere Verantwortung trägt. Wir sind die letzte Generation, die eine Kindheit ohne Internet erlebt hat, aber heute trotzdem kollektiv smartphoneabhängig ist. Wir tragen noch viele Ideale unserer Eltern und Großeltern in uns, wissen aber, dass wir uns sehr bewusst von einigen abgrenzen und eine bessere Welt mitgestalten möchten. Wir zügeln und disziplinieren uns noch viel zu oft und sind gleichzeitig froh, uns verletzlich zeigen zu dürfen. Wir können den Stolz auf einen teuren Dienstwagen emotional nachvollziehen, und gleichzeitig sehen und spüren wir die Notwendigkeit, den ÖPNV auszubauen und Verbrennermotoren zu verbannen.

Und genau dieses Gefühl, irgendwo dazwischenzuhängen, bringt uns in eine unglaublich wertvolle Position: Wir können vermitteln. Wir können den 20-jährigen Berufseinsteigern erklären, wieso ihre 60-jährigen Vorgesetzten an alten Idealen festhalten, und wir können den älteren Semestern erklären, wieso die jungen Menschen vielleicht gar nicht faul und ignorant sind, sondern einige Dinge anders und vielleicht auch viel klüger handhaben. Die Millennials könnten als Bindeglied und Vermittler die Welt retten.

Auch aus neurowissenschaftlicher Sicht sind soziale Bindungen unglaublich wichtig. Soziale Ausgrenzung lässt uns emotional und körperlich leiden.

Die Hirnforscherin Naomi Eisenberger hat in einem Experiment Versuchsteilnehmende ein Computerspiel spielen lassen, in dem ein Ball hin und her geworfen wird.[16] Den Probanden wurde gesagt, dass die anderen Spieler ebenfalls von Menschen gesteuert werden, sodass das Gefühl einer sozialen Gruppe entstand. Dies entsprach aber nicht der Wahrheit. Eigentlich waren die anderen Figuren, die den Ball spielten, programmiert. Anfangs waren sie nett und spielten mit der Versuchsperson hin und her. Doch allmählich grenzten die programmierten Figuren die menschlichen Mitspieler aus. Die Versuchsteilnehmenden bekamen den Ball nicht mehr. Während des Experiments wurde die Gehirnaktivität beobachtet. Und das Gefühl, sozial ausgeschlossen zu werden, aktivierte tatsächlich die Schmerzmatrix im Gehirn.

Es tut buchstäblich weh, ausgeschlossen zu sein. Und das sagen wir nicht einfach nur so, sondern es ist tatsächlich nachgewiesen.

Deshalb streben wir immer wieder danach, uns Gruppen anzuschließen, denen wir uns zugehörig fühlen. Und ohne dieses Bestreben wäre unsere Welt auch nicht die, die sie heute ist.

«Wahrer Fortschritt ist nur in Kooperation mit anderen möglich, und unsere Eusozialität[17] ist einer der wichtigsten Gründe dafür, dass unsere moderne Welt so vielfältig und komplex ist», so der Neurowissenschaftler David Eagleman.[18]

Wir schließen uns also in Gruppen zusammen, um zu überleben. Soziale Verbindungen sind kein Nice-to-have, sondern ein Must-have. Sie sind nicht die Kirsche auf der Torte, sondern das Mehl im Biskuit. Ohne sie geht es nicht.

Deshalb ist es umso wichtiger zu verstehen, dass einige «Regeln des Systems», nach denen wir uns richten, willkürlich sind. Viele gesellschaftliche Erwartungen sind tief in uns verwurzelt, doch es ist wichtig, sie zu hinterfragen. Wer hat diese vermeintlichen «Regeln» aufgestellt? Willst du dein Leben wirklich danach ausrichten? Vorurteile und Schubladendenken sind zwar rein neurowissenschaftlich nachvollziehbar, da unser Gehirn vorsortieren will, doch sie sind in vielerlei Hinsicht kontraproduktiv. Sowohl für unser Zusammenleben als auch für unsere gesellschaftliche sowie persönliche Weiterentwicklung. Wir brauchen einander. Und deshalb sollten wir uns nicht mit Vorurteilen und Hass voneinander abgrenzen, sondern versuchen, uns so oft wie möglich zu verbinden.

Zurück zu den Statussymbolen. Auch hier können wir also eine Verbindung herstellen - denn wir Menschen streben nach Belohnungen. Der jungen Generation mag es heute lächerlich erscheinen, was früher als Lebensziel galt: Haus, Auto, Boot.

Legen wir mal die Kapitalismuskritik, die man an dieser Stelle natürlich äußern kann, beiseite und schauen uns die psychologische Komponente an. Denn diese Statussymbole hatten einen Vorteil: Sie waren klar umrissen. Es war beispielsweise sehr eindeutig und nachvollziehbar geregelt, wer einen Dienstwagen bekommt. Es war einfach zu sagen: Die oder der «hat es geschafft».

Es ist weniger klar geregelt, wie das mit der Selbstfindung und Sinnsuche wirklich abläuft. Die modernen Belohnungsmechanismen haben einen direkten Einfluss auf die mentale Gesundheit und die Psychohygiene. Das ist zwar sehr löblich, führt aber auch dazu, dass einige Menschen den Druck verspüren, sich *wirklich* selbst finden zu müssen. Denn wenn sie schon dieses Privileg haben, ein Sabbatical nehmen zu dürfen, muss es auch Ergebnisse liefern. Doch Selbstfindung und Druck, so viel sei schon mal gesagt, sind keine guten Partner. Zumal die Selbstfindung nicht irgendwann als beendet abgehakt werden kann, sondern ein dynamischer, andauernder Prozess ist.

Die Prahlereien, die in der besagten Sparkassen-Werbung erst durch ein zufälliges Treffen zweier Menschen im echten

Leben entstehen, sind heute sehr viel präsenter. Wir müssen niemandem mehr auf der Straße oder im Restaurant begegnen. Facebook, Instagram, TikTok - wir verbringen laut des «Digital 2023»-Reports für Deutschland rund fünf Stunden und 22 Minuten pro Tag im Internet, davon eine Stunde und 41 Minuten auf sozialen Netzwerken.[19] Dort werden wir immer wieder damit konfrontiert, wie andere Menschen ihr Leben leben, welche Ziele sie verfolgen, welche sie bereits erreicht haben, welche Drinks sie lieben, welche Jobs sie an Land gezogen und welches neue Sofa sie sich gegönnt haben. Wie großartig und inspirierend der Urlaub war. Auch das sind Prahlereien wie von den Herren aus der Werbung. Und selbst wenn es auf den ersten Blick authentische Texte sind, sehen wir manchmal Bilder dazu, die uns unbewusst unter Druck setzen können: perfekte Wohnungen, aufgeräumte Kinderzimmer, wunderschönes Make-up, traumhafte Hotels.

Wie zur Hölle soll man es da schaffen, sich nicht zu vergleichen? Wie soll ein normaler Mensch wohlwollend all diese Dinge Tag für Tag anschauen und sich am Ende nicht schlecht fühlen? Theodore Roosevelt soll gesagt haben: «Comparison is the thief of joy.» Auf Deutsch: «Der Vergleich ist der Dieb der Freude.» Und auch der dänische Philosoph und Theologe Søren Kierkegaard sagte: «Das Vergleichen ist das Ende des Glücks und der Anfang der Unzufriedenheit.»[20]

Ich will den sozialen Vergleich gar nicht per se abwerten. Er ist ein absolut normales, menschliches und manchmal sogar sinnvolles Verhalten. Durch den Vergleich mit anderen erkennen wir, wo wir stehen und welche Fähigkeiten bei uns besonders gut und welche weniger gut ausgeprägt sind. Ohne diesen sozialen Abgleich wären Teamwork und Zusammenarbeit gar nicht möglich. Er hilft uns auch dabei, Gefahren oder Herausforderungen besser einzuschätzen. Zudem können wir von anderen lernen. Gerade in Phasen der Veränderung ist deshalb der soziale Vergleich stark ausgeprägt und in gewissem Maße hilfreich.

Die Schwierigkeit dabei ist, dass dieses Verhalten oft dysfunktional wird, also dazu führt, dass wir uns nach dem Vergleich schlechter fühlen und uns selbst abwerten.[21]

Und dann werden die fiesen Stimmen in uns wach, die uns Tag und Nacht piesacken.

Die Stimmen der Zaubertrolle:
Die inneren Kritiker

Es sind die inneren Kritiker, die uns zuflüstern, nie genug zu sein, zu faul, zu freiheitsliebend, zu ängstlich, zu maßlos oder zu streng. Der Vergleich mit anderen Menschen ist ein gefundenes Fressen für sie.

«Guck mal, die ist viel schlanker als du», sagt die eine Stimme.

«Mit dem hast du doch studiert. Wieso hat der nun eine Führungsposition und du nicht? Du bist einfach zu faul», sagt die andere.

Der Psychiater Dr. Daniel G. Amen beschreibt diese Gedanken als ANTs, also «automatic negative thoughts».[22] Der Name passt so gut, weil sie wie «ants», also Ameisen, eine echte Plage darstellen. Hattest du schon mal Ameisen in der Küche? Dann weißt du, wie es läuft: Sind sie einmal da, wird man sie nicht so schnell wieder los. Sie kriechen in jede Ritze und rauben dir den letzten Nerv.

So läuft es auch mit den ANTs. Die Negative-Gedanken-Plagegeister ruinieren zwar nicht deine Lebensmittelvorräte, aber deinen gesunden Menschenverstand (und den kannst du leider nicht im Supermarkt nachkaufen).

Selbst wenn du dir dessen bewusst bist, schaffst du es nicht, diese Stimmen zu ignorieren. Stattdessen kommt noch eine dazu: «Du bist ja sogar zu blöd, diese inneren Stimmen abzuschalten. Du kannst gar nichts.»

Schon beim Aufschreiben werde ich richtig sauer. Denn ich habe diese Stimmen so oft gehört und schon viele Kämpfe mit ihnen ausgefochten.

Die Professorin und Autorin Brené Brown nennt diese inneren Stimmen die «Gremlins»[23]. Ich stelle mir in meinem Kopf immer die kleinen Zaubertrollpuppen vor, die in den Neunzigerjahren bei Kindern so beliebt waren mit ihren bunten, abstehenden Haaren und zerknautschten Gesichtern. Es sind diese kleinen fiesen Zaubertrolle in uns, die ständig behaupten, dass wir im Vergleich nicht mithalten können.

«Man will nicht nur glücklich sein, sondern glücklicher als die anderen. Und das ist deshalb so schwer, weil wir die anderen für glücklicher halten, als sie sind», sagte einst der Aufklärer Montesquieu.[24] Und der Typ hatte noch nicht einmal Instagram! Das ist ja das Absurde. Genauso wie wir als Teenager davon überzeugt sind, dass alle außer uns selbst normal sind, denken wir als Erwachsene, dass alle außer uns selbst ihr Leben im Griff haben. Wir gehen davon aus, dass alle ein superstylishes, aufgeräumtes Zuhause haben, brave Kinder, die sie nie anschreien, tolle Partnerschaften ohne Krisen und Jobs, die sie erfüllen und steinreich machen.

Max Richard Leßmann hat in seinem Gedichtband «Liebe in Zeiten der Follower» so wundervoll geschrieben:

Die meisten Menschen
Die du kennst
Von denen du dir heimlich denkst
Die sind viel glücklicher als ich
Denken das Gleiche
Über dich[25]

Das sollten wir uns so viel häufiger bewusst machen. Wir alle fühlen uns manchmal einsam, falsch, verloren oder abgehängt. In uns allen gibt es diese Zaubertrolle, die uns gemeine Sachen an den Kopf werfen. Wieso sonst würden sich so viele Bücher damit beschäftigen?

Ethan Kross beispielsweise hat ein großartiges Buch geschrieben, in dem er Tipps gibt, wie wir unseren inneren Kritiker in einen Coach verwandeln können. Das Buch beginnt mit dem eingängigen Zitat des Journalisten Dan Harris: «Die Stimme in meinem Kopf ist ein Arschloch.»[26]

In meinem Leben gab es zahlreiche Stolperfallen, durch die ich ins Straucheln geriet. Meine Sehbehinderung, mein Frausein, Neurodermitis, Allergien, meine Körperform, zwei schmerzhafte Trennungen, zwei lebensverändernde Burnouts, meine Herkunft, ja sogar den innerdeutschen Konflikt habe ich noch mitgenommen, als ich als Westdeutsche 2004 mein Studium in Leipzig begann und erlebte, dass mir Einzelpersonen vorwarfen, ihnen die Arbeitsplätze wegnehmen zu wollen. In all diesen Momenten - und auch immer wieder im Alltag - kämpfte ich mit meinen inneren Kritikern.

Auch Brown beschreibt in ihrem Buch *Die Gaben der Unvollkommenheit* diese Zweifel: «Was werden die Leute denken, wenn ich versage oder aufgebe? Wann kann ich aufhören, mich allen anderen gegenüber beweisen zu müssen?»[27]

Ich bin mir sicher, dass nicht nur bei mir eine ganze Truppe von Zaubertrollen steht, die mir nicht gerade wohlgesonnen sind. Die Psychologin Dr. Sophie Mort benennt in ihrem Buch *Anleitung für dein Leben* sieben Typen des inneren Kritikers, die sie wiederum von Jay Earley und Bonnie Weiss übernommen hat.[28]

1. *Der Perfektionist* will, dass du alles absolut perfekt machst, weil du sonst abgewertet wirst. Er ist nie zufrieden.
2. *Der innere Kontrolleur* hindert dich am Schwelgen und Genießen sowie daran, deinen Impulsen nachzugeben. «Reiß dich zusammen», sagt er.
3. *Der Zuchtmeister* ist erbarmungslos und treibt dich immer weiter an, auch wenn du nicht mehr kannst und dringend eine Pause bräuchtest.
4. *Der Untergraber* scheut das Risiko. Sowohl das Scheitern als auch der Erfolg sind ihm nicht geheuer, denn mit beidem muss man umgehen – also lieber gar nichts wagen.
5. *Der Schuldzuweiser* verzeiht nicht, sondern weist dich immer wieder auf deine vergangenen Fehler hin.
6. *Der Konformist* weist dich zurecht, wenn du nicht den Erwartungen anderer entsprichst oder gegen Vorgaben verstößt. Rebellion und zu viel Freiheit mag er nicht.
7. *Der Zerstörer* redet dir ein, dass du völlig kaputt und ein hoffnungsloser Fall bist. Er haut dein Selbstwertgefühl kurz und klein. Er kann für ernsthafte psychische Erkrankungen sorgen.

Alle inneren Kritiker kennen und benennen Extreme. Sie sind nie vorsichtig in ihren Formulierungen, sondern immer verletzend, aggressiv und negativ. Sie streuen Salz in die Wunden.

Mach dir bewusst, dass du selbst mit Menschen, die du nicht magst, nicht so kritisch sprichst wie mit dir selbst. Selbst zu deinem bescheuerten Nachbarn bist du freundlich, aber zu dir selbst erbarmungslos. Ist das nicht erschreckend?

Glaub mir, ich kenne alle inneren Kritiker nur allzu gut. Gerade der Kontrolleur und der Zuchtmeister sind bei mir oft sehr laut.

Beispiel gefällig? Ich habe nach acht Jahren im Berufsleben noch einmal gewagt, ein zweites Studium zu absolvieren - einen MBA an der WHU in Düsseldorf, der Otto Beisheim School of Management. Die WHU ist die global renommierteste Wirtschaftshochschule in Deutschland und rangiert immer wieder in den führenden Positionen internationaler Rankings. Es war eine unglaublich bereichernde, bewusstseinsverändernde Zeit für mich. Ich, die immer einen Sonderstatus hatte, war plötzlich eine von vielen, war umgeben von «bunten Hunden», von Menschen mit Migrationsgeschichten. Ich habe immensen Aufwind bekommen und spürte ganz deutlich, dass das Leben als Angestellte in einem großen Unternehmen überhaupt nicht meiner Natur entsprach. Ich brauche Freiraum, Freiheit, ein Leben in meinem Rhythmus nach meinen Regeln.

Und was tat ich nach dem Studium? Ich ließ mich wieder anstellen. Mein innerer Kontrolleur wies mich immer wieder zurück in geregelte Bahnen, wenn ich mit dem Gedanken spielte auszubrechen.

Ich zitiere die fiese Stimme in Ausschnitten: «Du kannst dir das nicht erlauben. Mit deiner Sehbehinderung kannst du froh sein, wenn du überhaupt einen Job bekommst. Andere wären froh, diese Position zu kriegen, und du wünschst dir mehr Freiheit?! Du solltest dankbar für das sein, was du hast, und aufhören, Luftschlösser zu bauen.» Oft endete das Gedankenspiel mit: «Lina, was denkst du eigentlich, wer du bist?»

Kein Wunder, dass ich mich bei diesen Gedanken klein fühlte und doch lieber den sicheren Weg in die Festanstellung wählte. Dazu kommt, dass ich zu diesem Zeitpunkt noch nicht wirklich wusste, wie ich meinen inneren Kritiker zum Schweigen bringen konnte.

Inzwischen habe ich gelernt, welche fünf Strategien bei mir besonders gut funktionieren, wenn die Zaubertrolle mal wieder toben. Ich habe diese in den Büchern von Ethan Kross und Dr. Sophie Mort kennengelernt – vielleicht helfen sie auch dir.[29]

Fünf Tipps, um deine inneren Kritiker zu überlisten

1. Das distanzierte Selbstgespräch
Ich rede von und mit mir selbst in der dritten Person. Lina hat dies und das erlebt. Nun würde sie gern in diese Richtung gehen, aber sie macht sich Sorgen. Was kann Lina tun?

Dieser kleine, sprachliche Kniff sorgt dafür, dass andere Regionen im Gehirn aktiviert werden. Wir können rationaler denken und abgeklärter urteilen, weil es vermeintlich nicht um uns geht – und das ist eine deutlich bessere Basis für Entscheidungen als emotionale, übertriebene Grübeleien und negative Emotionen, die oft entstehen, wenn es um uns selbst geht.

2. Erfahrungen relativieren

Wenn die inneren Kritiker mal wieder laut werden, stelle ich mir die Frage: Ist es wirklich so schlimm, wie sie behaupten? Oder geht es nicht Tausenden anderen Menschen genau wie mir? Sobald ich meine Erfahrungen entdramatisiere, kann ich wieder besser durchatmen und verstehen, dass meine Herausforderungen und Sorgen ganz normal sind und ich das - wie sehr viele andere Menschen vor mir - schon irgendwie schaffen werde.

3. Die mentale Zeitreise

Wenn ich unsicher bin, ob eine Entscheidung richtig ist, oder wenn ich mich über etwas ärgere, versuche ich, in die Zukunft zu reisen. Wie wird sich diese Sache morgen, in einer Woche, in einem Monat, in einem Jahr, in fünf Jahren und in zehn Jahren anfühlen? So bekomme ich eine bessere Perspektive und gehe auf Distanz zum emotionalen Durcheinander im Hier und Jetzt.

4. Distanz durch Namen und Gesichter

Brené Brown nennt sie die Gremlins, ich habe sie mit den Zaubertrollpuppen verglichen, andere nennen ihre inneren Kritikerinnen Jürgen, Regina, Annette oder Drache Fridolin - auf jeden Fall kann es helfen, deinen inneren Kritikern Namen und Gesichter zu geben. Wenn sie mal wieder laut werden, kannst du sie mit der entsprechenden Stimme sprechen lassen und dann sagen: «Halt die Klappe, Fridolin.» Durch die Benennung gewinnst du Abstand und weißt, dass diese Stimme nicht deinem gesamten Sein entspricht.

5. Hilfe holen

Wenn ich nicht weiterweiß, spreche ich mit Leuten, die sich auskennen. Das klingt so viel einfacher, als es ist - denn im ersten Schritt müssen wir uns selbst eingestehen, dass wir allein nicht weiterkommen, und dann müssen wir auch noch auf jemanden zugehen. Ich sage dir was: Wenn du dich einmal dazu überwindest, wirst du merken, wie bereichernd es ist. Ich habe mir inzwischen ein ganzes Netzwerk an Mentorinnen und Mentoren zusammengestellt. Wann immer ich ein spannendes Interview lese und eine Frage an diese Person habe, schreibe ich sie an. Mehr als ein Nein kann nicht kommen. Und Ablehnung kam bisher so gut wie nie. Menschen sind gern hilfsbereit und freuen sich, andere mit ihrem Wissen bereichern zu können. Manchmal bekam ich sogar Jobs angeboten, weil mein Engagement und meine Wissbegierde so bewundert wurden!

Sei mutig und stell dir eine Gruppe Mentorinnen zusammen, bei denen du weißt: Wenn meine inneren Zaubertrolle mal wieder Tango tanzen, kann ich jemanden anrufen.

Wenn du dich selbst gut kennst, erkennst du die Momente, in denen die inneren Kritiker mal wieder viel zu laut sind. Je reflektierter du dich beobachtest, desto eher kannst du es schaffen, Distanz zu dir selbst aufzubauen. Vielleicht gelingt es dir, solche Situationen wie eine Fliege an der Wand zu betrachten.[30] Also als unbeteiligte Beobachterin, die die Szene rational beschreiben und sehen kann. Frei von inneren Stimmen. So wirst du es schaffen, in Stressmomenten innezuhalten. Durchzuatmen. Die Beobachtungen der Fliege an der Wand anzuhören. Und dir dann selbst zu sagen: *Okay, dan-*

ke für deine Meinung, kleiner Zaubertroll. Und niedlich, wie dein Bauchnabel glitzert. Was sagt der Rest des inneren Teams dazu?

Zeit für einen Jour fixe: Das innere Team

Ich liebe das Persönlichkeitsmodell des inneren Teams von dem Psychologen Friedemann Schulz von Thun, da es die Vielfältigkeit unserer Persönlichkeit so wunderbar zeigt. Wir alle kennen widersprüchliche Gefühle, auch wenn wir uns noch nie mit dem inneren Team beschäftigt haben. Vielleicht kennst du diese Momente, in denen dein Bauchgefühl *Ja*, deine Vernunft aber *Nein* gesagt hat. Oder in denen du dich zerrissen fühlst - beispielsweise willst du vielleicht unbedingt Kinder, hast aber große Angst vor dem Verlust von Kontrolle und Autonomie, der damit einhergehen würde. Diese Konflikte kann man sich als Konflikte des inneren Teams vorstellen. Da sitzen all deine Persönlichkeitsanteile gemeinsam am Tisch und zanken sich.

Ich habe 2018 in einem sehr intensiven Coachingprozess mein inneres Team wirklich kennengelernt und angefangen, mit ihm zu arbeiten.

Mein Team besteht aus vielen Kreaturen und Tieren - da ist beispielsweise Fitz, der aussieht wie der Hauself Dobby aus Harry Potter, nur in glänzendem Schwarz. Er ist immer an meiner rechten Seite und der Hüter meiner Werte.

Es gibt auch einen Jaguar, der immer vor mir läuft, ein Pferd und einen Pegasus. Ich erzähle dir nicht zu viel von ihnen - nicht weil es mir unangenehm ist, sondern weil ich dich damit nicht beeinflussen will. Vielmehr möchte ich dich ermutigen, selbst nach innen zu schauen und dein inneres

Team kennenzulernen. Egal, ob es sich dabei um Menschen, Tiere oder Zaubertrolle handelt – du selbst entscheidest, was du siehst.

Nur von einem ehemaligen Mitglied aus meinem inneren Team möchte ich dir mehr erzählen. Nämlich von Hugo. Er sah aus wie Super Mario und saß stets auf einem Regiestuhl mit einem iPad in der Hand. Auf diesem iPad war mein Leben zu sehen – und Hugo bestimmte lässig die Spielregeln. Ich musste stets nach seiner Pfeife tanzen in diesem «Race of my Life». Zwar durfte ich Updates liefern, bessere Fahrzeuge mitbringen, die neuesten Reifen besorgen, viel trainieren und die Strecke verbessern, doch die Streckenführung blieb immer die gleiche – denn sie wurde von ihm vorgegeben. Ich konnte immer nur diese eine Strecke fahren.

Am Anfang wackelte ich mit einem Gokart über die Buckelpiste, später im F1-Wagen, aber immer auf der gleichen engen Rennstrecke, die klar abgesteckt war. Wieso? Weil ich aus meiner Sicht nur so inkludierbar war. Hugo hatte mir das eingeredet. Ich konnte auf diesem vorgegebenen Pfad zeigen, wie schnell und zu welcher Leistung ich fähig war. Ich bekam Applaus. Doch ich fühlte mich immer falsch. Immer. Weil es nicht mein Weg war, sondern ein mir vorgegebener.

Natürlich war da die Frage: Wieso breche ich nicht aus? Als ich mich immer stärker mit Hugo und den anderen auseinandergesetzt habe, merkte ich, dass Hugo ziemlich allein mit seiner Meinung dasteht. Alle anderen Teile in mir sagten, dass ich auch eine andere Strecke fahren könne.

«Hör nicht auf den Idioten. Es ist ein Risiko, aber du kannst das. Auch wenn du dann nicht mehr so einfach einzuordnen bist», sagten sie.

Und je länger ich darüber nachdachte, desto mehr habe

ich Hugo verblassen lassen. Er war in der Minderheit. Und eigentlich hat er alle nur genervt mit seiner Arroganz. Also musste er gehen.

Inzwischen habe ich einmal im Quartal ein Strategie-meeting mit meinem inneren Team. Ich habe diesen Termin tatsächlich fest in meinem Kalender eingetragen, weil ich gemerkt habe, wie bereichernd und hilfreich es ist, allen Perspektiven und Anteilen in mir Raum zu geben.

Ich frage mich dann: «Fühle ich mich wohl? Wie geht es mir gerade? Ist alles noch richtig?»

Jeder darf sagen, was er denkt - so kann ich viel besser evaluieren, wie es mir wirklich geht.

Als ich beispielsweise 2019 vor der Entscheidung stand, ob ich endlich den Sprung in die Selbstständigkeit wagen soll, haben alle Teammitglieder mit *Ja* abgestimmt. Alle! Selbst die Skeptiker waren überzeugt. Woraufhin sich die Entscheidung selbstbestimmt, wohlüberlegt und sicher angefühlt hat. Es war nicht die eine Stimme, die am lautesten war, sondern es waren alle meine Persönlichkeitsanteile, die sich - trotz ihrer üblichen Konflikte - ausnahmsweise einig waren. Wenn du also mit deinem inneren Team Entscheidungen triffst, sind es keine Ad-hoc-Überlegungen, sondern innere Überzeugungen, die genau dir entsprechen und nicht darauf basieren, den Erwartungen anderer gerecht zu werden.

Du selbst darfst überlegen, welche Argumente am überzeugendsten sind, welches Teammitglied eine Auszeit bekommt und ob der innere Kritiker heute gehört werden darf oder nicht.

Denn das ist mir wichtig zu sagen: So wie alle Emotionen hat auch der innere Kritiker seine Berechtigung. Auch wenn er auf den ersten Blick wie ein «Arschloch» wirkt, um Dan

Harris erneut zu zitieren, hat er manchmal durchaus eine sinnvolle Funktion. Er weist uns auf Gefahren hin und macht uns darauf aufmerksam, welche Konsequenzen eine Entscheidung haben könnte. Und manchmal sind wir vielleicht wirklich zu euphorisch, zu begeistert, schlagen zu sehr über die Stränge – und genau wie mir in meinen Zwanzigern ein paar Schranken gutgetan hätten (ich erwähnte die 140 Paar Schuhe, die ich natürlich nie alle tragen konnte), kann der innere Kritiker manchmal dafür sorgen, dass wir wieder geerdet werden.

Mit diesem Blick schaffst du es vielleicht, deinen inneren Kritiker nicht ganz aus deinem Team zu verbannen – du solltest ihm aber definitiv nicht den Chefsessel überlassen und die anderen Stimmen genauso wichtig oder wichtiger nehmen.

So findest du Zugang zu deinem inneren Team

Wenn du dir bisher noch keine Gedanken über dein inneres Team gemacht hast, helfen dir vielleicht folgende drei Übungen, es besser kennenzulernen.

1. *Mind-Mapping:* Lade dir eine Mind-Mapping-App auf dein Smartphone, wenn du vor einer Entscheidung stehst. Versuche dann, deine inneren Teammitglieder visuell darzustellen. Jeder Persönlichkeitsanteil bekommt einen Zweig, und du überlegst dir, wie dieser Anteil sich fühlt, was er denkt und welche Ziele er verfolgt.

2. *Dialoge führen:* Wenn du allein bist, trau dich, deine inneren Teammitglieder laut sprechen zu lassen, und trage deine inneren Dialoge nach außen. Diskutiere mit dir selbst, auch wenn dir das etwas merkwürdig erscheint. Du wirst merken, wie viele wertvolle Perspektiven in dir stecken und wie heilsam der Dialog ist!

3. *Tagebuch schreiben:* Selbstreflexionen und Erkenntnisse können von Tag zu Tag variieren. Mal ist das eine Teammitglied präsenter, mal das andere. Versuche, deine Gedanken in einer Tagebuch-App oder ganz klassisch schriftlich festzuhalten, um deine eigene Vielfalt greifbar zu machen. So wirst du merken, wie dich dein inneres Team beeinflusst.

2.

Wo Licht ist, da ist auch Schatten: Der ehrliche Blick auf dich selbst

Nichtschwimmer in Krisenzeiten

Wie sahen deine letzten Krisen aus? Trennungen, Todesfälle, Krankheiten, aber auch Beziehungsprobleme, berufliche Unzufriedenheit oder Stress können uns tief erschüttern.

In den Medien und in unserem Umfeld begegnet uns das Wort «Krise» nahezu täglich. Die Energiekrise, die Umweltkrise, die Care-Krise, die (Nachwirkungen der) Coronakrise sowie Kriege und Katastrophen, die Menschen in existenzielle Krisen stürzen. Krisenstimmung in der Regierung. Kurz: Krisen sind omnipräsent.

Es geht in diesem Buch aber nicht um die großen politischen, gesellschaftlichen und klimabedingten Krisen. Ich spreche von persönlichen Krisen. Jobverlust, Krankheit, Fehlgeburten, Todesfälle geliebter Menschen, ein Hausbrand. Die Dinge, die den Rest der Welt ehrlicherweise herzlich wenig interessieren, aber die eigene Welt im Kern erschüttern.

Meist sind diese Lebensphasen die Momente, in denen wir beginnen, uns mit unserem Innersten auseinanderzusetzen. Um es irgendwie zu schaffen, den Kopf über Wasser halten zu können, wenn wir drohen unterzugehen.

Das ist – wenn wir mal ganz ehrlich sind – reichlich spät. Würdest du ein Kind, das nicht schwimmen kann, ins tiefe Wasser schubsen und ihm dann zurufen, wie das mit dem Schwimmen funktioniert? Einzig und allein in der Hoffnung, dass der Überlebenswille dem Kind dabei hilft, schnell die richtigen Bewegungen umzusetzen?

Niemand würde das tun.

Stattdessen beginnen wir mit Trockenübungen im seichten Becken, halten das Kind fest, benutzen Schwimmflügel und -bretter, damit es Stück für Stück an Sicherheit und Selbstbewusstsein gewinnt, so lange, bis es allein die ersten Züge durchs hüfthohe Wasser nimmt. Und wenn das klappt, trauen wir uns gemeinsam mit dem Kind ins tiefe Becken – immer dabei, falls es kurz vergisst, wie das mit dem Schwimmen noch mal ging.

Krisen sind verdammt tiefe Becken. Und für die meisten von uns fühlt es sich an, als wären wir wie Nichtschwimmer hineingestoßen worden. Wir paddeln panisch, prusten, haben keine Ahnung, was zu tun ist. Vielen Menschen fehlen die Strategien für schwere Zeiten. Weil wir nie gelernt haben zu schwimmen.

Wieso auch? Solange alles gut ist, solange wir in unserer Komfortzone chillen, haben wir es ziemlich gemütlich. Wieso ins kalte Becken gehen, wenn man in der Sonne brutzeln kann? Wer will schon in guten Zeiten über unangenehme Gefühle, schlechte Erfahrungen, blockierende Glaubenssätze und Schmerz sprechen? Solche Gespräche sind reinste Spielverderber und verhageln die Laune.

Ich habe eine gute und eine schlechte Nachricht. Die schlechte zuerst: Um den Schmerz kommst du nie herum. Wenn du versuchst, den Anteilen von dir aus dem Weg zu gehen, die gern im Verborgenen bleiben, werden sie sich irgendwann Bahn brechen - und dein ganzes Kartenhaus bricht zusammen. Gerade Menschen, die zum Verdrängen und Vertuschen neigen, die toxisch positiv sind, die alles weglächeln, statt sich ihren Unzulänglichkeiten zu stellen, werden von Krisen meist umso heftiger getroffen. Sie werden von den Füßen gerissen, weil sie nicht vorbereitet sind, weil sie den Gedanken stets verdrängt haben, dass im Leben schlimme Dinge passieren könnten.

Doch nun kommt die gute Nachricht: Es ist möglich, Resilienz aufzubauen. Carolin Runnquist, IT-Expertin und Autorin eines Buches über Unternehmensführung in Krisen, hat in einem spannenden TEDx Talk darüber gesprochen, dass wir uns als Privatpersonen genau dieses Vorbereiten von Unternehmen abschauen können.[31] Denn wenn im Business-Kontext der Umgang mit Krisen bereits durchgeplant wurde, hat das viele Vorteile und kann eine Insolvenz verhindern. Ein präventiv organisiertes Krisenmanagement ist in gut geführten Unternehmen Standard. Und genau das sollte es auch bei uns Menschen sein. Runnquist erklärt, dass wir in drei Bereichen vorsorgen sollten: finanziell, körperlich und mental.[32]

Finanzielle Vorsorge: Bilde Rücklagen und «Krisenkapital», zumindest so viel, dass du deine Fixkosten zahlen kannst, wenn sich deine Welt auf den Kopf stellt. Dann hast du eine Sorge weniger.
Körperliche Vorsorge: Regelmäßiges und gesundes Essen, ausreichend Schlaf und Sport - es klingt so banal, doch nur wenn wir fit, genährt und ausgeschlafen sind, sind wir auch fähig,

schwere Zeiten zu überstehen. Diesen Punkt unterschätzen wir immer wieder.

Mentale Vorsorge: Mache dir bewusst, was du brauchst, wenn es dir schlecht geht. Definiere deine Werte und setze den Fokus auf sie, lange bevor die Krise kommt.

Wenn du dich mit dir selbst beschäftigt hast und weißt, für welche Werte du einstehst, wie du mit Emotionen umgehen kannst und welche Vision vom Leben du hast, reißen dich Krisen nicht ganz so heftig um. Und wenn du diese Vorsorge angehst, während es dir gut geht, kann die innere Arbeit sogar Spaß machen und deinen Blick auf dein Leben zum Positiven verändern. Wachstum aus ressourcenreichen Zeiten heraus ist sehr viel besser als Wachstum aus dem Schmerz heraus. Denn nur wenn du dich selbst kennst, wenn du weißt, was dich geprägt hat, was dich ausmacht, was du brauchst und was dich triggert, kannst du wirklich selbstbestimmt handeln.

Genau das tue ich gerade. Ich regle meine Finanzen, ich passe sowohl auf meinen Körper als auch auf meinen Kopf besser auf, ich mache Pausen, ich höre immer wieder in mich hinein. Auch wenn gerade alles easy ist. Gerade dann. Und aus eigener Erfahrung kann ich sagen: Diese Selbstbestimmtheit fühlt sich richtig gut an.

Hilfe, die Krise ist da!

Meine Tipps zur Krisenbewältigung
1. Mach dir bewusst, dass deine Krise nur eine Phase in deinem Leben ist. Und Phasen gehen vorbei. Es wird nicht für immer so wehtun.

2. Versuche, die Situation möglichst rational von außen zu betrachten. Und dann: Werde aktiv und gehe ins Handeln. Konzentriere dich auf das Problem und auf die Lösung – es tut gut, Dinge anzupacken.

3. Erinnere dich an deine Erfolge. Du hast schon andere heftige Situationen überstanden. Also wirst du es auch dieses Mal schaffen.

4. Sei gnädig zu dir selbst und gönne dir Pausen. Ja, anpacken tut gut – aber sich auszuheulen eben auch. Gönne dir zudem Me-Time wie Sport, Meditationen, einen Kinobesuch oder sonstige Dinge.

5. Routinen sind mächtiger, als du denkst. Schaffe dir eine Struktur, mit der du einen Fuß vor den anderen setzen kannst und mit deren Hilfe du automatisch weißt, was du jeden Tag zu tun hast.

6. Du musst das nicht allein schaffen, sondern hast Menschen, die dir helfen. Bilde dein Support-Team, das dir Geborgenheit und Sicherheit gibt. Es geht nicht darum, dass jemand anders dein Problem lösen soll, sondern darum, dass du gehört und gesehen wirst.

Mit Vollgas in die Erschöpfung

Pfft, Besserwisserin mit ihren Krisen-Bewältigungs-Tipps – als ob diese Lina alles richtig macht, denkst du dir vielleicht gerade. Und natürlich hast du recht. Ich war genauso eine Nichtschwimmerin wie andere Menschen, die in Krisen völlig hilflos herumpaddeln. Ich musste all das sehr schmerzlich lernen.

«Das Leben wird vorwärts gelebt und rückwärts verstanden», sagte schon der dänische Philosoph und Theologe Søren Kierkegaard.[33]

Sagen wir mal so: Ich habe den ganzen Mist erlebt und kann dir erzählen, was ich daraus gelernt habe. In der Hoffnung, dass du darin vielleicht den ein oder anderen Gedankenanstoß findest, der es dir ermöglicht, dein nächstes Tief nicht ganz so bedrohlich werden zu lassen. Vielleicht lernst du besser schwimmen, als ich es konnte. Damit du weißt, wie du auch im Worst Case bei dir bleiben kannst.

Ich habe zwei Burn-outs gebraucht, bis ich wirklich kapiert habe, dass ich hinschauen muss. Also – so richtig hinschauen.

Mein erstes Burn-out erwischte mich im Februar 2013. Bis es zum Zusammenbruch kam, war einiges passiert. Unter anderem eine schmerzhafte Trennung, die zwar zum Zeitpunkt des Burn-outs bereits fünf Jahre zurücklag, aber einiges ausgelöst hat.

Ich hatte mit meinem damaligen Freund eine sehr glückliche Beziehung, wir planten eine gemeinsame Zukunft. Ich nahm ihn sogar mit nach Brasilien. Das war ein riesiger Schritt für mich. Denn in Brasilien liegen meine Wurzeln, bis heute bin ich dort in einer Art und Weise glücklich, wie ich es in

Deutschland nie war. Gemeinsam reisten wir also in meine Heimat des Herzens. Ich stellte ihn Freundinnen und Familie vor, zeigte ihm Orte meiner Kindheit. Ich weiß gar nicht, ob ihm bewusst war, was für ein riesiger Schritt und Vertrauensbeweis diese Reise für mich war. Ich war mir zu der Zeit sicher, dass ich mit diesem Mann mein Leben verbringen wollte. Wir hatten sogar schon eine Eigentumswohnung gekauft. Der Plan stand: Ich wollte mit dem Ende meines befristeten Arbeitsvertrags zu ihm nach Stuttgart ziehen. Er war bereits vor mir in die Wohnung eingezogen, den Umzug hatten wir gemeinsam etwa zwei Monate nach der Brasilien-Reise gemeistert.

Und dann hat er Schluss gemacht. Einfach so, per E-Mail. Völlig unerwartet. Zwei Tage nach seinem Umzug. Zwei Tage nachdem er noch betont hatte, wie sehr er mich liebte. Seine Mail kam für mich aus dem Nichts. Er schrieb mir, was für eine wundervolle Frau ich sei, betonte meine Großartigkeit in allen Facetten und schloss mit dem Satz ab, dass ich die Beste sei – nur nicht die Richtige für ihn.

Dieses Gefühl, dass mein Leben von heute auf morgen zusammengebrochen war, dass all meine Zukunftspläne mit einer E-Mail verpufft waren und dass ich all das nicht habe kommen sehen, war, gelinde gesagt, ziemlich heftig. Ach, nennen wir es beim Namen: Ich war am Arsch. An die drei Monate, die auf diese Mail folgten, kann ich mich bis heute nicht erinnern. Ich funktionierte, wurde mir rückblickend erzählt. Ich machte meinen Job. Doch innerlich war etwas in mir zerbrochen.

Zudem wurde mit dieser Trennung eine sehr frühe Kindheitserfahrung in mir getriggert. Als ich 15 Monate alt war, waren meine Eltern mit mir nach Brasilien geflogen. Sie wollten reisen, doch das war mit so einem Zwerg wie mir nicht mehr so einfach möglich. Also ließen sie mich bei meinen Großeltern. Nicht nur für einige Stunden, sondern für zwei volle Wochen. Bis heute machen sich meine Eltern Vorwürfe deswegen. Denn tatsächlich führte diese Erfahrung dazu, dass ich einen Knacks in meinem Urvertrauen davontrug.

Die tiefe Verletzung dieses traumatischen Erlebnisses kam in dem Moment der Trennung wieder hoch: das Gefühl, ausgeliefert zu sein und nichts dagegen tun zu können, allein gelassen zu werden. Es nicht wert zu sein, von Herzen geliebt zu werden.

Schluss damit. Ich hatte keine Lust mehr auf diese Gefühle. Ich wollte nicht mehr abhängig sein, wollte nicht mehr nur reagieren, sondern agieren. Ich wollte verhindern, jemals wieder so emotional überrollt zu werden. Also legte ich mal wieder eine Schippe drauf. Nachdem ich den ersten Schock der Trennung überstanden hatte, wollte ich in vollen Zügen leben. Ich schmiss Partys, gab zu viel Geld aus, konsumierte zu viel, trank regelmäßig maßlos Alkohol. Gleichzeitig arbeitete ich wie eine Verrückte.

Und dann gab es nach langer Funkstille doch noch ein Treffen mit dem besagten Ex-Freund, das gut zwei Jahre nach der plötzlichen Trennung stattfand. Ich musste einfach wissen, was der Grund für die Trennung war, und bat ihn um ein Gespräch, um diese Beziehung ein für alle Mal abschließen zu können.

«Gut siehst du aus», sagte er zur Begrüßung. Ich grinste. *Guter Start, mein Lieber*, dachte ich.

Auf meine Frage, was ihn damals zu dieser Mail bewogen hat, gab er zu, dass ihm während der Brasilien-Reise bewusst geworden sei, dass er mir so ein Leben, wie er es dort gesehen hatte, niemals bieten könne - und dass ich wohl nie eine Frau sein würde, die abends mit dem Essen auf ihn warte.

Ich lachte laut auf. *Das* war der Grund? Das fiel ihm nach einer langen Beziehung erst so spät auf? Hatte er zuvor je mit mir geredet? Ich war fassungslos - und erleichtert. Denn: Nein, so eine Frau würde ich tatsächlich niemals sein.

Dann habe ich den vielleicht coolsten Spruch meines Lebens gesagt: «Ich kann dir nur einen Tipp geben: Wenn man nur die Kompetenz hat, einen Volkswagen zu fahren, sollte man sich keinen Ferrari zulegen.» Mic Drop! Ich beendete das Gespräch, wir verabschiedeten uns, und das war's.

Ja, ich fühlte mich lässig, stolz und ging als Gewinnerin aus diesem Gespräch - zumindest war das mein Gefühl. Doch es zeigte auch, dass ich mal wieder viel zu viel Gas gab. Ich fühlte mich auf der Überholspur und wirklich wie der Ferrari, den ich erwähnt hatte. Bei dem Tempo in meinem Leben spielte ich mehr und mehr nach den Spielregeln der anderen: Was würde meinem Umfeld gefallen, wie werde ich als starke Lina wahrgenommen, die nichts umhauen kann?

Vielleicht erinnerst du dich an die Störungsframes von Petra Bock - auch hier wurde mal wieder deutlich, dass mein Bewertungsdenken, mein starres Regeldenken, die Selbstverleugnung sowie die Übermotivation bei mir sehr ausgeprägt waren.[34]

Ich stellte meine Bedürfnisse immer hintan und hielt mich ans Drehbuch, das mir innere Zaubertrolle vorschrieben. Erfolgreiche Lina im Vollgas-Modus. Keine Schwäche zugeben, kein Opfer sein. Stets beweisen, dass man mich nicht unterschätzen sollte.

Eine Weile ging das gut. Zumal ich in meinem Job im Messebereich, der einen Großteil meines Lebens bestimmte, lange sehr glücklich war. Ich hatte nicht nur einen spannenden Aufgabenbereich, sondern war auch Teil eines kleinen Teams, das ich sehr liebte. Wir waren gerade mal drei Leute: Anna, Fabian und ich waren die Einhörner unter den Pferden, das Trio Infernale. Wir hatten als Produktentwickelnde eine Sonderrolle im Unternehmen und durften mehr oder weniger tun und lassen, was wir wollten. Es war einfach großartig. Wir hatten so viele Freiheiten, so viel Gestaltungsspielraum und so viel Spaß. Unsere Motivation war allein wegen dieser Konstellation extrem hoch, und ich bin jeden Tag gern zur Arbeit gegangen.

Doch im Sommer 2011 brach das Team langsam auf. Es gab neue Regeln, nach denen auch wir spielen sollten. Großraumbüro, strengere Grenzen, andere Erwartungen. Das Gefühl der Freiheit schrumpfte immer weiter. Ich musste mir unter anderem die Kritik anhören, dass ich nicht sozial genug sei, weil ich mich beim morgendlichen Kaffeeplausch rauszog und den Small Talk vernachlässigte. Bis heute sehe ich das anders. Ich finde es falsch, Interesse zu heucheln für Dinge, die mir nicht wichtig sind. Small Talk oder gar Tratsch und Lästereien sind für mich Energieräuber. Ich hatte mich also für mich und meine Werte entschieden, indem ich mich dieser Gespräche enthielt. Doch das verstanden meine Vorgesetzten nicht. Und ich versuchte natürlich, doch irgendwie reinzupassen. Ich versuchte, mich den neuen Regeln zu beugen, so gut es eben ging. Ich verriet dabei immer wieder meine eigenen Werte und merkte gar nicht, wie erschöpfend das war.

Burn-out: Klappe, die erste

Nach anderthalb Jahren in diesem neuen System, in das ich mich hineinzuquetschen versuchte, zog mir meine Seele den Stecker. Ich war gerade zu Hause, und der Mann einer Freundin wollte Flyer für ein Event bei mir abholen. Als es klingelte, ging ich zum Hauseingang, und wir wechselten ein paar Worte, während ich im Türrahmen stand. Mir ging es gut, zumindest dachte ich das. Doch als ich die Flyer überreicht habe, ging bei mir das Licht aus. Plötzlich rauschten meine Ohren, Wellen der Überforderung, Übelkeit und Müdigkeit rasten durch meinen Körper, und alles wurde schwarz.

Als ich wieder zu mir kam, saß ich auf dem Bordstein. Mein Bekannter hatte mich aufgefangen und vorsichtig hingesetzt. *Oh Gott, wie peinlich,* dachte ich. Ich rieb mir die Stirn und die Augen, murmelte eine Entschuldigung und wollte so schnell wie möglich wieder aufstehen.

Doch als ich mich aufrichtete, verlor ich schon wieder das Bewusstsein.

Ich kippe normalerweise nicht um. Ich weiß, dass es Menschen gibt, die mit niedrigem Blutdruck kämpfen und Ohnmachtsanfälle kennen. Ich gehöre nicht dazu. Bis heute ist mir das zweimal passiert – bei meinen beiden Burn-outs.

Da saß ich also wieder auf der Straße, mein Körper ließ mich im Stich, und mein Bekannter war verständlicherweise etwas überfordert mit der Situation. Mein damaliger Kollege Fabian wohnte glücklicherweise im Haus nebenan. Mein Bekannter klingelte bei ihm, und gemeinsam wollten sie mich in meine Wohnung im ersten Stock bugsieren. Sie stützten mich, trugen mich halb – und dennoch verlor ich auf dem kurzen Weg noch drei weitere Male das Bewusstsein.

Ich erinnere mich dunkel an Sätze wie «Das ist doch nicht normal» und «Wir müssen sie ins Krankenhaus bringen». Schließlich riefen sie einen Krankenwagen, aus Angst, dass ich die Fahrt im Auto nicht gut verkraften würde.

Und auch wenn ich gern und oft die Starke spielte, war ich froh, dass ich durchgecheckt wurde. Dieses Ohnmachtserlebnis machte mir Angst. Was war los mit mir? Ich war beim Endokrinologen, beim Neurologen, beim Kardiologen und anderen Ärztinnen - aber niemand konnte irgendetwas finden. Ich war kerngesund. Und wurde gerade einmal vier Tage krankgeschrieben.

Eigentlich war es eine gute Nachricht, körperlich gesund zu sein. Doch was war dann passiert? Wieso riss es mich so buchstäblich von den Füßen?

Als ich ohne Ergebnis entlassen wurde, telefonierte ich mit meinem Dad.

«Was ist denn bloß los mit mir?», fragte ich verzweifelt. «Wieso kann mir keiner sagen, wieso ich plötzlich umkippe? Meinst du, ich soll noch einmal zu einem Spezialisten gehen?»

Mein Vater schwieg kurz, und ich hörte ihn leise seufzen. Dann sagte er: «Lina, ich glaube, du weißt, was dein Problem ist. Du willst es nur nicht sehen. Möchtest du mal mit jemandem sprechen?»

Ich spürte einen Kloß im Hals und musste schwer schlucken. Nun war ich es, die schwieg. Mein Vater hält eigentlich nicht viel von Psychologen. Er ist ein höchst rationaler Mensch, mit «Gefühlsduselei» konnte er noch nie viel anfangen. In dieser Hinsicht hatte sein Wort also Gewicht: Wenn er so etwas sagte und über seinen Schatten sprang, bedeutete das eine Menge. Kleinlaut stimmte ich zu.

So landete ich bei Frau Berg. Sie war nicht nur Therapeutin, sondern auch Coach - und ein absoluter Glückstreffer für mich.

Frau Berg lebte und praktizierte in einem süßen, frei stehenden Häuschen - ich habe es immer als «Hexenhäuschen» bezeichnet, im besten Sinne. Ihr Therapie- und Coaching-Raum war in ihr Wohnhaus integriert, hatte eine große Fensterfront, durch die warmes Sonnenlicht auf die Eckcouch fiel. Ich setzte mich in unserer ersten Sitzung auf die Kante des Sofas und blickte abwechselnd auf meine Hände, die ich im Schoß gefaltet hatte, und Frau Bergs Gesicht, das mich offen anblickte.

«Was führt Sie zu mir?», fragte sie.

Ich räusperte mich. «Ich bin umgekippt.»

Stille. Frau Berg wartete.

Und dann sprudelte alles aus mir heraus. Die ganze Situation bei der Arbeit, mein Jetset-Leben, meine Sehbehinderung, meine Suche nach Zugehörigkeit und Identität, alles auf einmal. Ich gab doch mein Bestes. Ich redete doch über meine Sehbehinderung. Ich machte doch alles richtig, zumindest versuchte ich das. Ich hatte doch schon so viel gelernt und umgesetzt.

«Stellen Sie sich einen Berg vor», versuchte ich ihr mein Gefühl zu beschreiben. «Ich bin gerade runtergepurzelt. Wie eine Comicfigur, ich habe mich überschlagen, immer wieder und wieder, es sah fast lustig und absurd aus, wie ich purzelte. Und nun liege ich hier im Tal, ganz unten. Meine Brille da vorne, die Schuhe dahinten, die Handtasche ist aufgesprungen, und alle meine Dinge sind um mich herum verteilt. Und das Schlimmste ist: Ich habe keine Ahnung, wie ich mich wieder aufsammeln soll. Ich kann nicht aufstehen.»

Ich sackte in mir zusammen, als ich leer gesprochen war. Vielleicht kennst du den kleinen tschechischen Maulwurf, der manchmal in der *Sendung mit der Maus* zu sehen ist? In manchen Folgen ist er traurig und bedrückt – so ungefähr sah ich mich in dem Moment.

Frau Berg hatte aufmerksam zugehört und sich Notizen gemacht. Als sie spürte, dass ich fertig war, schaute sie mich lange an.

«Also wenn ich mir das alles so anhöre ...» Sie zögerte kurz. «Das klingt für mich wie eine reaktive Depression aufgrund von Mobbing.»

In diesem Moment wurde das Feuer, das kurz erloschen zu sein schien, wieder in mir entflammt. Der kleine traurige Maulwurf verwandelte sich innerhalb von Sekunden in einen anderen guten Bekannten aus der Kinder-Comic-Welt – den Tasmanischen Teufel.

«Mobbing?! Ich bin doch kein Opfer!», rief ich.

Die Therapeutin hätte mir vieles erzählen können – aber wenn ich eines noch nie war, dann ein Opfer. Man kann mir vieles vorwerfen, aber nicht, dass ich mich nicht rauskämpfen könnte, wann auch immer ich in der Opferrolle landete. Ihr Satz traf mich tief.

Ich schimpfte, argumentierte, tobte. Erklärte ihr in vielen lauten Worten, wieso sie unrecht hatte.

Frau Berg ließ mich herumwirbeln. In ihrer ruhigen Art wartete sie einfach ab, bis sich meine Wut etwas gelegt hatte und der Sturm, der durch ihren Praxisraum fegte, abebbte.

«Haben Sie schon einmal darüber nachgedacht, dass Sie sich auch selbst mobben können?», fragte sie dann, als ich schwer atmend ruhiger wurde.

Diese Frage ließ mich erstarren. Weil sie eine Tatsache offenbarte, die ich seit Jahren zu verdrängen versuchte.

Ich hatte mich selbst fertiggemacht. Ich hatte mich getriezt und zur Perfektion geprügelt, hatte nie nachgelassen, mir keine Unvollkommenheit zugestanden.

«Können Sie mir helfen?», fragte ich matt.

«Ja, das kann ich», sagte sie.

Ich selbst hatte mir ständig eingeredet, dass ich falsch war. Alle Anzeichen, dass es mir nicht gut ging, hatte ich ignoriert: Haarausfall, Bauchschmerzen, Schlaflosigkeit. Immer weitermachen war meine Devise gewesen.

Selbst nach dem Zusammenbruch, als ich nach den vier Tagen zum ersten Mal wieder im Büro war, ging ich zu meinem damaligen Chef und sagte: «Es tut mir leid, aber ich kann in den nächsten Monaten wirklich nur noch 100 Prozent geben. Ich muss nach acht Stunden nach Hause gehen.»

Ich hatte ein schlechtes Gewissen dabei, «nur noch» acht Stunden zu arbeiten. Ehrlich! Denn ich dachte damals, es sei normal, sich permanent selbst auszubeuten. Ich hatte das Gefühl, einen Gang runterzuschalten, wenn ich «nur» 100 Prozent gab. Heute schüttle ich den Kopf über mich selbst. Wie konnte ich mir nur so egal sein?

Bei mir war das Burn-out vor allem der Tatsache geschuldet, dass ich mich selbst, meine Werte und meine Überzeugungen dauerhaft verleugnet hatte. Ich war brav allen Regeln von außen gefolgt, habe versucht, einem Bild zu entsprechen, statt in mich hineinzuhören, was ich brauche, damit es mir gut geht. Frau Berg war in den Monaten nach meinem Zusammenbruch eine großartige Begleiterin. Während ich anfangs zerstreut und erschöpft bei ihr saß, fand ich dank ihr wieder mehr und mehr in meine Kraft und Stärke.

Ein Burn-out kann viele Gesichter haben. Der Begriff wurde in den Siebzigern von dem US-amerikanischen Psychologen Herbert Freudenberger geprägt – er bezeichnete damit «ein Empfinden, dem sich vor allem Menschen in helfenden und pflegenden Berufen oft ausgesetzt sahen».[35] Heutzutage wissen wir, dass nicht nur Personen in pflegenden Berufen, sondern jeder Mensch von einem Burn-out betroffen sein kann, egal ob CEO oder Hausmann, egal ob Lokführerin oder Physiotherapeut. «Das Burn-out-Syndrom ist ein Risikozustand, der infolge einer langfristigen Arbeitsüberforderung auftritt. Es erhöht das Risiko für eine psychische Erkrankung und tritt oft auch zusammen mit psychischen oder körperlichen Erkrankungen, zum Beispiel Depressionen, Angst- oder Schlafstörungen, auf.»[36]

Eine klare Abgrenzung der Symptome ist schwierig. Manche schlafen schlecht, andere werden unkreativ und stumpfen ab. Manche fallen – so wie ich – in Ohnmacht, andere haben unspezifische Schmerzen.

Zudem können sich die Symptome einer Depression und eines Burn-outs ähneln, beispielsweise Antriebslosigkeit, weniger Motivation und eine gedrückte Stimmung. Manchmal können auch ein Burn-out und eine Depression Hand in Hand gehen. Es ist daher wichtig, dass du eine genaue Diagnostik und die Empfehlungen bekommst, die du wirklich brauchst. Hände weg von irgendwelchen 10-Fragen-Selbsttests im Internet! Das ist Bullshit, weil zehn Fragen niemals die vielfältigen Symptomatiken von psychischen Erkrankungen abdecken können. Wenn du über einen längeren Zeitraum hinweg spürst, dass etwas nicht stimmt, lass dich ärztlich beraten. Lieber ein Besuch zu viel als einer zu wenig. Und hey, das bedeutet nicht, dass du jammerst oder schwach bist. Wenn du dir ein Bein brichst, gehst du auch zum Arzt und sagst nicht «Alles gut, hab nur schlecht geschlafen», oder? Sieh deine Psyche als Teil von dir. Wenn etwas nicht stimmt, solltest du es untersuchen lassen.

Die Entdeckung meiner Vielfalt

In vielerlei Hinsicht haben mich der Zusammenbruch und die Therapie ein gutes Stück nach vorne gebracht.

Ich verstand sehr viel besser, wer ich war und was ich brauchte. Bisher war mein Leben vorbildlich, respektabel, sogar bewundernswert. Doch es war nicht *mein* Leben. Ich lebte nach den Werten anderer Menschen, versuchte Erwartungen zu erfüllen und reinzupassen. Aber ich fragte mich nie, was *ich* eigentlich wollte. Wie es mir bei diesen Bemühungen eigentlich ging.

Tust du das? Fragst du dich, wie es dir geht? Und wenn ja: Antwortest du auch ehrlich?

Für mich war der Birkman-Persönlichkeitstest ein Augenöffner. Dieser zielt darauf ab, ein umfassendes Bild der eigenen Persönlichkeit und Verhaltensweisen zu zeichnen, um besser zu verstehen, wie man sich in verschiedenen Situationen verhält und mit anderen interagiert.

Dabei geht es darum, das Normalverhalten und die Bedürfnisse einer Person zu erkennen.

Das Normalverhalten beschreibt, wie eine Person typischerweise in alltäglichen Situationen handelt, und spiegelt ihre sichtbaren und beobachtbaren Handlungen wider. Die Bedürfnisse hingegen stellen die Motivationen und Erwartungen einer Person dar, die ihr Verhalten steuern.

Die Bedürfnisse sind wie ein Betriebssystem für unser Leben. Sie leiten unsere Gedanken, Gefühle und Handlungen, beeinflussen unsere Entscheidungsfindung und die Art und Weise, wie wir mit anderen interagieren. Wenn unsere Bedürfnisse erfüllt sind, handeln wir aus einem Zustand der Ausgeglichenheit und Zufriedenheit heraus, was zu effektiveren und erfüllenden Interaktionen führt. Wenn unsere Bedürfnisse nicht erfüllt werden, kann das Stress auslösen und uns dazu bringen, auf eine Art und Weise zu handeln, die nicht mit unserem üblichen Verhalten übereinstimmt.

Ein klares Bewusstsein über die eigenen Bedürfnisse und Verhaltensweisen befähigt Menschen, ein authentischeres und proaktiveres Leben zu führen. Die Selbsterkenntnis und Anpassungsfähigkeit sind wesentliche Stärken der Birkman-Methode.

Bei mir zeigte der Birkman-Test, dass mein Normalverhalten, also das, was die Leute von außen wahrnehmen, nicht meinen Bedürfnissen und auch nicht meinem Stressverhalten entspricht.

Der Test bestätigte unter anderem, was ich schon wusste: dass meine Superpower das Netzwerken ist. Allerdings nur, wenn ich in meiner Stärke bin und es mir gut geht. Ich kann Leute sehr schnell verbinden und ihnen das gute Gefühl vermitteln, gesehen zu werden.

Das ist zugegebenermaßen ein bisschen lustig, denn ich sehe sie ja nicht wirklich. Doch das zeigt mal wieder, dass es nicht das Sehen mit den Augen ist, was zählt, sondern das Sehen mit dem Herzen. Wenn wir verstanden werden, wenn uns jemand zuhört, ernst nimmt und empathisch reagiert, wenn jemand unsere Gedanken schätzt und aufgreift, fühlen wir uns gesehen.

Genau dieses Gefühl kann ich anderen Menschen gut vermitteln und sie miteinander in Beziehung bringen, indem ich ihre Herzen öffne.

Wenn ich allerdings nicht genug Zeit für mich habe, gerate ich in mein Stressverhalten, werde in Gruppen ungeduldig und will mich zurückziehen. Wenn ich das nicht kann, wird es immer schlimmer. Dann wird meine Superpower schwächer, und ich beginne, mich selbst zu sabotieren.

Denn mein Grundbedürfnis sind keineswegs ständig viele Menschen um mich herum, wie man vielleicht annehmen könnte – sondern Zeiten, in denen ich mit mir und in Ruhe allein bin.

Als ich verstanden habe, dass diese vermeintlichen Widersprüche, die auch in anderen Bereichen meiner Persönlichkeit vorhanden sind, von außen gar nicht so einfach zu erkennen sind (ich hatte sie ja selbst kaum erkannt), wurde ich viel offener und selbstbewusster. Ich sprach diese Ambivalenzen sowie meine Bedürfnisse häufiger proaktiv an, damit andere mich besser einschätzen konnten.

Mit dem Beginn meines Studiums hatte ich bereits kommuniziert, dass ich eine Sehbehinderung hatte – nun kommunizierte ich konkreter, wer ich war, in der gesamten Vielfalt meiner Persönlichkeit.

Ich konnte meine Realität viel besser teilen, weil ich mich selbst fragte, wie diese überhaupt aussah. Ich schaute hin. Und ich verstand, dass es gar nicht darum ging, ein möglichst tolles, vorzeigbares Leben zu führen, sondern ein Leben, das *mir* entsprach.

Ein wichtiger Schritt im Prozess meiner Selbstfindung: Ich trennte mich von Marc, meinem damaligen Freund. Wir waren 2012 zusammengekommen, und er hatte von Beginn an gesagt, dass er keine monogame, sondern eine offene Beziehung wolle.

Ja, ja, dachte ich mir. Ein Teil von mir sah mein Umfeld, in dem gerade viele Freunde in offenen Beziehungen lebten. *Das macht man jetzt wohl so*, dachte ich, also konnte ich es auch ausprobieren. Vielleicht käme ich ja gut damit klar, versuchte ich mir einzureden. Und ein anderer Teil in mir dachte: *Marc, du hast einfach noch nicht die richtige Frau getroffen. Aber jetzt bin ich ja da.* (Heute klatsche ich mir mit der Hand gegen die Stirn, wenn ich daran denke.)

Zwei Jahre lang ging das gut. Ob er in dieser Zeit wirklich etwas mit anderen Frauen hatte, weiß ich nicht. Ich weiß nur, dass ich 2014 endlich so weit war, meinen Freundinnen und meiner Therapeutin von diesem Geheimnis zu erzählen. Denn ich hatte bis dahin allen vorgemacht, dass wir eine monogame Beziehung führten. Aus Angst, dass sie mich auf die Wahrheit hinweisen würden: nämlich dass ich kein Typ für eine offene Beziehung bin und die Sache beenden müsse. Und genau das geschah, als ich mit der Wahrheit herausrückte.

«Lina, das willst du doch gar nicht.»

«Wie kannst du damit leben?»

«Du suchst doch etwas ganz anders.»

Natürlich hatten sie recht.

Ich weiß, dass es viele Menschen gibt, die sich in monogamen Beziehungen eingeengt und unwohl fühlen. Mich begeistert es, wenn neue Beziehungsmodelle, wie auch immer sie aussehen, funktionieren. Wichtig dabei ist: Du musst es wirklich selbst wollen und dich nicht für andere Menschen verstellen und verbiegen. Höre auf dein Herz und deine Bedürfnisse. Die Liebe ist ein essenzieller Bestandteil des Lebens, hier solltest du genau so leben dürfen, wie es zu dir passt. Und zu mir passte die offene Beziehung leider nicht.

Ich suchte also schweren Herzens das Gespräch.

Wir saßen in einem hübschen Café in Stockholm - Marc und ich hatten uns einen Kurzurlaub gegönnt. Er blätterte durch einen Reiseführer, ich schlürfte meinen Milchkaffee.

«Marc, ich muss dir was sagen», begann ich schließlich.

Er blickte auf. «Hm?»

«Ich muss den Freifahrtschein vom Tisch nehmen. Ich kann das nicht, diese offene Beziehung», sagte ich nach kurzem Zögern. Ich schaute ihn an und dann schnell wieder weg.

Marc sah erst mich an, blickte dann auf seinen Reiseführer und schließlich auf die Straße, auf der die Menschen geschäftig vorbeiliefen und nicht wahrnahmen, dass hier gerade eine Liebe zerbrach.

«Dann müssen wir uns trennen», sagte er überraschend entschieden. «Ich bin erst 30 Jahre. Ich kann mich noch nicht auf eine Frau festlegen.»

Und das war's dann. Es tat weh, weil er sich so sicher war. Weil ich eben doch nicht die Superwoman war, die ihn umgestimmt hatte.

Aber es tat auch gut. Denn dieses Geheimnis, das ich die ganze Zeit mit mir rumgeschleppt hatte, war endlich weg. Es fühlte sich an, als würde mir jemand ein schweres Gewicht von der Brust nehmen und ich endlich wieder atmen können.

Ich war meinem Herzen gefolgt. Es war jetzt mein Weg. Nicht seiner.

Nicht nur privat, auch beruflich krempelte ich mein Leben um. Ich kündigte meinen Job bei der Messe Leipzig, der mich so krank gemacht hatte. Ich wagte es, nach acht Jahren im Berufsleben wieder an die Uni zu gehen. Dieser Schritt war gar nicht so einfach für mich - zumal mein Vater wenig begeistert war. Für ihn war ein unbefristeter Arbeitsvertrag ein Sechser im Lotto. Doch ich wollte kündigen und an eine Business School gehen, die zigtausend Euro kostete.

«Das ist doch ein Hirngespinst», sagte er, als ich ihn in meine Pläne einweihte. «Ich finde das nicht sinnvoll. Du kannst doch berufsbegleitend studieren. Setz nicht alles auf eine Karte.»

Ich tat es trotzdem. Ich war gewachsen und richtete mich nicht mehr nach anderen. Übrigens sagt mein Vater heute, dass sowohl mein Studium an der Business School als auch mein Schritt in die Selbstständigkeit, den er 2019 mit derselben Skepsis beäugt hatte, zu den besten Entscheidungen in meinem Leben gehören.

Ich hatte bereits erwähnt, dass die 18 Monate an der WHU bewusstseinsverändernd für mich waren. Durch Auslandsaufenthalte in Indien, China und Chicago sowie eine internationale Schar an Mitstudierenden durfte ich mein Dasein als «Sparkling Unicorn» voll ausleben. Ich war nicht «die Westdeutsche», die «den Ostdeutschen» die Arbeitsplätze wegnahm, oder «die Brasilianerin», die immer zu quirlig und zu direkt für «die Deutschen» war, ich war einfach nur eine von vielen. Niemand war hier «normal» in dem Sinne, wie ich Normalität stets definiert hatte. Wir waren alle bunt. Hier war das Anderssein normal.

Und da war tief in mir dieser Wunsch, «richtig» Karriere zu machen. Ich setzte keinen Fokus auf mein Privatleben, sondern stets auf meine berufliche Entwicklung. So wie ich es zu Hause gelernt hatte - denn so hatten auch meine Eltern gelebt. Job first. Deshalb gab ich für meine Abschlussarbeit 2016 alles.

Ein kurzer Rückblick auf mein erstes Studium: 2007 hatte ich bei meiner Diplomarbeit aufgrund meiner Sehbehinderung viel Unterstützung gebraucht. Eine Person musste mit in die Bibliothek kommen und mit mir die grundlegende Literatur recherchieren. Dann musste eine weitere Person zu Hause mit mir Inhaltsverzeichnisse von Büchern durchgehen, eine musste meine Texte korrigieren, eine die Quellenangaben checken. Und so weiter. Meine Diplomarbeit ist zwar mein geistiges Eigentum, aber insgesamt sechs Menschen waren daran beteiligt, mir zu helfen. Kein Wunder, dass ich das Gefühl hatte, diesen Abschluss nicht wirklich verdient zu haben. Hier kickte das Hochstapler-Syndrom, also der Gedanke, dass man den eigenen Erfolg nicht verdient hat.

2016 dann, bei meinem MBA-Abschluss, hatte sich viel verändert. Ich durfte nicht nur aus gedruckter Literatur, sondern auch aus Hörbüchern zitieren, es gab unglaublich viel Fachwissen in digitalen Bibliotheken, die ich mit Vergrößerungssoftware und Vorlesefunktion ohne Hilfe lesen konnte. Dank des technologischen Fortschritts schrieb ich meine Arbeit komplett allein. Ich klemmte mich mit all meiner Kraft und Zeit dahinter, wollte meine Karriere pushen. Ich war so stolz, als ich mit Bestnote abschloss. Diese Note gehörte mir allein.

Burn-out: Klappe, die zweite

Nun könnte man meinen: Alles tutti bei Lina! Sie ist den blöden Kerl losgeworden, hat endlich den Job gekündigt, der sie ins Burn-out getrieben hat, und entgegen aller Zweifel von außen ein Studium absolviert, das ihr in jeder Hinsicht richtig guttat.

Ende gut, alles g...

Moment mal! Wieso heißt dieses Kapitel dann «Burn-out: Klappe, die zweite»?

Sehen wir den Tatsachen ins Gesicht: Ich hatte längst noch nicht alles gelernt. Nach dem WHU-Studium ging ich wieder in eine Festanstellung und folgte damit einem Sicherheitsbedürfnis, das mir von außen immer wieder eingeredet wurde.

Als Frau mit Behinderung kann ich froh sein, einen so guten Job zu finden.

Da waren sie wieder, die inneren Kritiker. Vor allem der Konformist wurde sehr laut, der mich dazu trieb, mich an «die Regeln» zu halten. Ich hinterfragte nicht, wer diese Regeln überhaupt aufgestellt hatte oder ob diese nur in meinem Kopf existierten, aber der kleine Zaubertroll in meinem Kopf mahnte, dass ich mir als Sehbehinderte schon genug Extrawürste herausnahm, nun solle ich zumindest beruflich nicht auch noch rebellieren und aus dem System ausbrechen.

Ich redete mir ein, dass der Troll recht hatte. Dass ich mich glücklich schätzen könne, überhaupt einen normalen Karriereweg anstreben zu dürfen. Meine Sehnsucht nach Eigenständigkeit und Freiheit ignorierte ich.

Der beste Kumpel vom Konformisten war der Untergraber.

Er scheute das Risiko und redete mir ein, dass ich mit dem Scheitern garantiert nicht umgehen könne, wenn ich es in die Selbstständigkeit wagen würde. Lieber nichts riskieren.

So begann ich im März 2017 wieder in einer Festanstellung zu arbeiten. Und tatsächlich fühlte ich mich trotz meines ursprünglichen inneren Widerstands überraschend wohl. Es war ein perfekter Start, viel besser als erwartet. Ich war gewappnet, führte konstruktive, offene Gespräche mit meinen neuen Teammitgliedern und Vorgesetzten, sprach über Dos and Don'ts in der Zusammenarbeit, über meine Bedürfnisse und Einschränkungen, war komplett transparent. Meine Bedürfnisse nach Freiheit und Unabhängigkeit wurden ernst genommen, und ich konnte meinen Job so ausgestalten, dass er mir entsprach.

Jetzt habe ich alles richtig gemacht, dachte ich. Jetzt habe ich gecheckt, wie's läuft. Jetzt kann nichts mehr schiefgehen. Ich weiß, was ich will, die anderen wissen es auch und sind einverstanden.

Doch nur vier Monate später gab es einen Führungswechsel. Ich spürte sofort, dass die Chemie nicht stimmte und die neue Chefin mit meinem Bedürfnis nach Freiheit überhaupt nicht zurechtkam. Diese Zusammenarbeit würde nicht funktionieren. Also sprach ich das Problem bei der anderen Führungskraft an, die mich eingestellt hatte.

«Ach komm», sagte sie. «Gib ihr eine Chance. Sie ist doch noch ganz neu hier. Das wird sich alles finden.»

Am liebsten hätte ich wie ein kleines Kind aufgestampft oder mich hingeschmissen und mit den Fäusten auf den Boden getrommelt.

«Wird es nicht», prophezeite ich. «Ich spüre das.»

«Versuch es wenigstens.» Und mit diesen Worten wurde ich hinausgeschickt.

Ich hatte das Gefühl, mir sei aufgetragen worden, dabei zuzusehen, wie zwei Züge aufeinander zurasten. Die Kollision war unvermeidlich. Es war zum Verzweifeln.

Nach meinem ersten Burn-out 2013 hatte ich mich ständig mit dem Gedanken fertiggemacht, dass ich nicht rechtzeitig habe kommen sehen, was passieren würde, und vom Unglück überrollt worden bin. Das Beziehungsende per E-Mail, die Veränderung meines Teams und ja, auch die Sehbehinderung. Alles schien mich von außen zu überraschen und nicht in meiner Hand zu liegen. Wie riesige Wellen, die sich aus dem Nichts auftürmten und mich von den Füßen rissen.

Nun sah ich die Welle auf mich zukommen. Ich bat um ein Boot, ein Surfbrett oder ... wenigstens Schwimmflügel? Aber ich bekam nichts von alledem. Transparenz und Offenheit hatte ich gelernt, doch sie liefen ins Nichts.

Früher sah ich nichts kommen, und dann passierte etwas.

Nun sah ich es kommen, aber ich wurde nicht gehört. Meine Stimme hatte kein Gewicht. Und das war fast noch schlimmer, als vom Unglück überrascht zu werden.

In den folgenden fünf Monaten konnte ich mir dabei zusehen, wie es mir zunehmend schlechter ging. Ich habe nicht geschlafen, kaum gegessen, hatte Haarausfall. In meiner Arbeit schlichen sich immer mehr Fehler ein, ich war weniger leistungsfähig, doch gleichzeitig konnte ich diese Fehler und meine Erschöpfung nicht akzeptieren und arbeitete noch mehr. Es war ein Teufelskreis. Stunde um Stunde saß ich im Büro, versuchte auszubügeln, was ich vorher in den Sand gesetzt hatte. Wenn ich im Bett lag, wurden meine inneren Kritiker laut und erklärten mir, was für eine Versagerin ich war. Und so arbeitete ich von Tag zu Tag mehr, verbissener denn je, um diesen Stimmen das Gegenteil zu beweisen.

Bis eines Tages Schluss war.

Ich sprach gerade wieder einmal mit meiner ehemaligen Vorgesetzten darüber, dass die Zusammenarbeit mit der neuen Führungskraft nicht meiner Persönlichkeit entsprach und ich mehr Freiheit brauchte. «Ach, Lina. Du bist und bleibst unser Wildpferd», wiegelte sie ab.

Und dann passierte es. Alles begann zu flackern. Ich hielt mich am Türrahmen fest, doch es war zu spät. Wieder verlor ich das Bewusstsein. Mitten im Büro, mitten im Gespräch.

Meine Ohnmacht 2013 hätte mir eine Lehre sein sollen. Stattdessen stand ich nun, nur vier Jahre später, an dem gleichen Punkt. Besser gesagt: Ich lag an dem gleichen Punkt. Wie sich das anfühlte? Ehrlich gesagt schämte ich mich in Grund und Boden. (Zumal ich diesem nun ein ganzes Stück näher gekommen war.) Die Erkenntnis, schon wieder in dieser Lage zu sein, war unendlich frustrierend.

Enttäuschung als Ende der Täuschung

Auch wenn diese Formulierung für mich kaum schmerzhafter sein konnte: Ich war enttäuscht von mir selbst. Ich war enttäuscht, dass ich die Erwartungen, die ich an mich selbst gesetzt hatte, nicht erfüllen konnte und mich schon wieder selbst sabotiert hatte.

Schauen wir uns diesen Begriff der Enttäuschung mal genauer an. Sehr lange war der Satz «Ich bin enttäuscht von dir» so ziemlich das Schlimmste, was man zu mir sagen konnte. Ich wollte niemanden enttäuschen – denn das wäre genau das Gegenteil vom Dazugehören, oder?!

Doch Stück für Stück verstand ich, dass die Täuschung, die in dem Begriff der Enttäuschung steckt, gar nicht immer bei mir lag. Wenn jemand Annahmen über mich traf, hatte ich damit gar nichts zu tun.

Nehmen wir mal ein simples Beispiel: Mein Kater erwartet jedes Mal, wenn ich in die Küche komme, dass er etwas zu fressen von mir bekommt. Das passiert etwa 27-mal am Tag. 25-mal am Tag enttäusche ich ihn, indem ich ihm nichts gebe. Das liegt nicht daran, dass ich ein schlechter Mensch bin, sondern dass *seine* Erwartungen falsch sind. Ich kann ihm diese Enttäuschungen nicht nehmen, weil ich seine falschen Annahmen nicht verändern kann. Und ich muss auch nicht die Verantwortung dafür tragen.

Und genauso ist es im Zwischenmenschlichen. Oft erwarten wir Dinge von unserem Gegenüber, ohne diese Erwartung mit ihm zu teilen. Dein Partner soll dir vielleicht häufiger sagen, dass er dich liebt, tut es aber nie – du hast also eine Erwartung und bist enttäuscht, dass diese nicht erfüllt wird. Dieser gesamte Prozess hat aber allein etwas mit deiner Realität zu tun, die andere Person weiß weder etwas von deiner Erwartung (wenn du diese nicht klar kommunizierst) noch von deiner Enttäuschung, sondern fragt sich nur, was los ist und wieso du so ein komisches Gesicht machst.

Als ich meinen Mann Jake kennenlernte, habe ich mich zum ersten Mal wirklich diesem Thema gestellt, das mein Kryptonit war. Wenn ich mit dem Satz «Ich bin enttäuscht von dir» konfrontiert wurde, sprangen sämtliche ANTs (automatic negative thoughts) in meinem Kopf an: Ich fühlte mich schuldig, machte mir Selbstvorwürfe, sah jede Beziehung für immer zerstört, redete mich klein und haderte mit meinem gesamten Sein. Das mag übertrieben klingen, doch so war es tatsächlich.

Durch Jake lernte ich, diesen Gedanken entgegenzutreten. Bei Harry Potter gibt es die bösartigen Dementoren, die ihren Opfern die Seele aussaugen. Um sie zu vertreiben, braucht es einen Patronus-Zauber, also ein flüchtiges Wesen, das aus positiven Erinnerungen hervorgezaubert wird. Mein Patronus hat, wie sollte es auch anders sein, die Form eines glitzernden Einhorns. Viel wichtiger ist aber seine Eigenschaft, alles zu hinterfragen. Wenn jemand Erwartungen an mich stellt und Sätze mit «Man muss» oder «Du musst» beginnt, fragt mein Einhorn: «Sagt wer?»

Wenn ich Erwartungen von mir selbst oder anderen enttäusche, kann ich einen Realitätscheck durchführen: Waren diese Erwartungen realistisch? Von wo kamen sie? Kann und will ich sie überhaupt erfüllen?

Und das soll nicht heißen, dass wir alle unsere Erwartungen herabsetzen sollten. Der US-amerikanische Autor Brendon Burchard erklärt, dass hohe Standards und große Träume notwendig sind, um uns als Menschheit voranzubringen. Das, was wir brauchen, seien keine niedrigeren Erwartungen, sondern ein «learning mindset». Also die Abkehr von der Erwartung, dass alles, was auf dem Weg zu diesem großen Ziel liegt, perfekt sein muss. Wenn wir von vornherein einplanen, dass Fehler dazugehören, um besser zu werden und Erfolge zu feiern, können wir mit viel mehr Realismus unsere großen Träume verfolgen. Ein heftiges Chaos und miese Erfahrungen gehören dazu, wenn wir weiterkommen wollen. Wir können immer weiter perfektionieren und besser werden. Aber es wird nie absolut perfekt sein.[37]

Ich finde seinen Ansatz sehr spannend. Es ist sehr wichtig, uns zu erlauben, dass Dinge nicht funktionieren. Wenn wir diesen Schritt mit einkalkulieren, sind wir nicht enttäuscht, sondern können schneller daraus lernen - und die Motivation daraus ziehen, es besser machen zu wollen.

Auch die Angst vor der Enttäuschung kann uns hemmen, nach unseren eigenen Werten zu leben. Manche Menschen ziehen ein komplettes Jura-Studium durch, weil ihre Eltern sich das für sie wünschen, ohne je wirklich Juristin werden zu wollen. Manche Menschen heiraten oder bekommen Kinder, weil es einfacher ist, als gegen den Strom zu schwimmen und unverheiratet und kinderlos zu bleiben. Und auch wenn es nicht diese extremen lebensentscheidenden Dinge sind, kennen wir alle Beispiele, in denen wir Dinge getan haben, um eine Enttäuschung zu vermeiden.

Gib's zu: Du hast doch auch schon mal ein Essen von Freunden gelobt, das dir eigentlich nicht besonders geschmeckt hat, weil sie sich so viel Mühe gegeben haben, oder? Oder dich für ein Geschenk bedankt, mit dem du nichts anfangen konntest? Niemand mag es, aber jeder kennt dieses Gefühl, enttäuscht zu sein und ungern darüber zu sprechen.

Auch hinsichtlich meiner Sehbehinderung kommt es immer wieder zu, nun ja, *interessanten* Enttäuschungen. So wollen mir Menschen gern helfen und sind enttäuscht, dass ich ihre Hilfe gar nicht brauche. Wenn ich beispielsweise beim Einkaufen frage, ob mir jemand kurz etwas vorlesen kann, neigen einige Menschen dazu, meinen Wagen zu schieben und den gesamten Einkauf für mich übernehmen zu wollen. Es ist manchmal gar nicht so einfach, sie davon abzubringen - denn sie tun dies ja aus einer positiven Intention heraus. Doch für mich schränkt ihr Verhalten meine Selbstbestimmung ein und fühlt sich teilweise übergriffig an. Wenn ich das äußere, spüre ich oft eine Welle der Enttäuschung, teilweise sogar verpackt in wütenden Trotz: «Dann mach deinen Scheiß doch allein, ich wollte nur helfen.»

Eine Coachin, mit der ich zusammenarbeite, gab mir dazu mal einen passenden Ausspruch ihrer Großmutter mit: «Bitte helfen Sie mir nicht, es ist auch so schon schwer genug.»

Wenn ich nachdrücklich Hilfe ablehne, sind Menschen vor den Kopf gestoßen - ich habe sie enttäuscht. Weil ihre Annahmen nicht mit meiner Realität zusammenpassten.

Eigentlich müsste man auf den Satz «Ich bin enttäuscht von dir» also antworten: «Sorry, that I burst your bubble.» Also: «Tut mir leid, dass ich deine Vorstellungen kaputt gemacht habe.» Ich ent-täusche, ich beende die Täuschung.

Deshalb betone ich immer wieder, wie wichtig es ist, miteinander zu reden, sich auszutauschen, zu sprechen. Die eigenen Erwartungen mit den Erwartungen anderer abzugleichen. Wenn wir nicht kommunizieren, unsere Realität nicht teilen, ist die Wahrscheinlichkeit, dass wir uns gegenseitig enttäuschen, sehr hoch. Wir dürfen lernen, unsere Erwartungen und Bedürfnisse mitzuteilen, und darauf vertrauen, dass andere Menschen das auch tun (ohne dass sich jeder sofort persönlich angegriffen fühlt). Auf diese Weise könnten wir so viele Konflikte auf so vielen Ebenen klären und auflösen. In Beziehungen, in Freundschaften, in Familien, im Job.

Genau dieses Konstrukt der «Ent-Täuschung», also dem Ende der Täuschung, funktioniert übrigens nicht nur zwischen zwei oder mehr Menschen, sondern auch hinsichtlich der Selbsttäuschung. Darin sind wir Menschen nämlich leider echte Meister. Ständig reden wir uns selbst ein, was wir können oder nicht können, was wir wollen oder nicht wollen und was wir tun müssen, um etwas zu erreichen.

- *Ich muss nur noch dieses Seminar zum Thema Dankbarkeit buchen, dann werde ich endlich zufriedener sein.*

- *Wenn ich fünf Kilo abnehme, werde ich glücklicher sein.*

- *Ich muss meinen Mitarbeitenden einen Kickertisch und frisches Obst zur Verfügung stellen, dann gibt es weniger Kündigungen und bessere Ergebnisse.*

Oder nehmen wir einen alten Glaubenssatz, an dem ich lange festgehalten habe:

- *Man kann entweder eine erfüllte Beziehung oder finanziellen Erfolg haben, aber nicht beides gleichzeitig.*

All diese Sätze sind Annahmen und Vorstellungen, die erst einmal nur in Köpfen existieren und jedweder realistischen Grundlage entbehren.

Und wenn du das Dankbarkeits-Seminar besuchst und danach nicht dauerhaft zufrieden bist, wenn du dich mit fünf Kilo weniger immer noch einsam fühlst, wenn du deinen Mitarbeitenden Kickertisch und Obst hinstellst, aber die Leistungen nicht besser werden, dann bist du enttäuscht. Nicht weil alle anderen doof oder ungenügend sind. Sondern weil du falsche Annahmen getroffen hast. Ich erinnere noch einmal an meinen Patronus-Zauber, mein Einhorn, das stets fragt: «Sagt wer?»

Ein Beispiel für die positive Kraft von Enttäuschungen ist mein alter Glaubenssatz, dass eine erfüllte Beziehung und finanzieller Erfolg nicht gleichzeitig möglich seien. Denn wenn diese Vorstellung zerbricht, bedeutet das ja, dass eben doch beides geht. Dass es nicht «Geld oder Liebe» heißen muss, sondern «Geld und Liebe».

Na, aber hallo, diese Enttäuschung nehme ich gern an!

Doch gerade bei Glaubenssätzen ist es selten, dass diese Umkehr «einfach so passiert». Denn unser unbewusstes Handeln und Denken treibt uns leider immer wieder dazu, tiefsitzende Glaubenssätze zu erfüllen.

Es erfordert ein hohes Maß an Selbstreflexion, diese möglicherweise falschen Annahmen zu erkennen, loszulassen und offen dafür zu sein, dass es auch anders laufen kann. Und das geschieht nur, wenn wir uns die Erlaubnis geben, unsere Selbsttäuschungen aufzugeben und Wunder geschehen zu lassen.

Ich war also enttäuscht von mir selbst, als ich zum zweiten Mal zusammenbrach. Ich war enttäuscht, dass ich wieder an diesem Punkt stand und es nicht besser hingekriegt habe. Dass ich wirklich gedacht hatte, ich wüsste, wie das Leben läuft, und eines Besseren belehrt wurde. Doch je länger ich darüber nachdachte, desto mehr verwandelte sich der Schmerz in Freude. Denn meine Enttäuschung bedeutete, dass ich meine Annahmen endlich einem Realitätscheck unterziehen konnte und den unmissverständlichen Hinweis bekommen habe, dass es mit meiner Selbsttäuschung so nicht weiterging. Dass es nun Zeit war, Veränderungen anzustoßen. Denn andere zu enttäuschen ist unvermeidlich - sorry, Katerchen -, aber an meiner Selbsttäuschung konnte ich arbeiten.

Im Einklang mit dir selbst: wahre Zugehörigkeit

Nach diesem zweiten Erlebnis, bei dem mein Geist meinem Körper jegliche Energie geraubt hat, fehlte ich nicht nur drei Tage, sondern vier Wochen. Statt mich krankschreiben zu lassen, nahm ich so viele Urlaubstage und Überstunden-Ausgleichstage wie nötig, um in dieser Zeit alle Freiheiten zu haben und mich zu sortieren. Ich wusste zu Beginn dieser vier Wochen noch nicht, ob ich je in den Job zurückkehren würde. Spoiler: Ich ging zurück. Doch in der Miniauszeit schloss ich einen Deal mit mir selbst:

Ich werde nie wieder meine eigenen Werte verraten.
Ich werde keine Kompromisse hinsichtlich dieser Werte
eingehen.
Und ich werde es nie wieder so weit kommen lassen,
dass ich in Ohnmacht falle.

Ich hatte zu diesem Zeitpunkt keinen konkreten Plan, sondern wusste nur, dass es so nicht weitergehen konnte. Es war mein Leben. Ich musste wieder die Führung übernehmen, mich in den «Driver's Seat» setzen, wie auch immer man es nennen will. Das erforderte Mut.

Denn tatsächlich ist es einfacher, sich nach den Vorstellungen anderer zu richten, als selbst die Richtung vorzugeben. Wenn dir ständig jemand sagt, wo es langgeht, wenn du immer nur mit Navi durchs Leben fährst, gesteuert von den gesellschaftlichen Erwartungen, musst du nicht viel nachdenken. Du kannst performen und Applaus kassieren. Doch das Entscheidende ist, wie es dir geht, wenn der Applaus abebbt. Bist du glücklich? Gehst du mit Freude durchs Leben? Hast du Spaß, siehst du einen Sinn in dem, was du tust? Ist es dein Weg? Oder liegt der einzige Sinn darin, anderen zu gefallen?

Es war eine schmerzhafte Einsicht für mich, dass ich mein Leben immer wieder und immer noch - auch nach dem ersten Burn-out - nach den Erwartungen anderer ausgerichtet habe. Man könnte denken, dass dieses Handeln immer darauf abzielt, Zugehörigkeit zu empfinden. Indem wir versuchen, anderen zu gefallen, möchten wir ihre Anerkennung erlangen und uns mit ihnen verbinden. Soziale Beziehungen sind grundlegend für uns, ohne sie können wir nicht überleben. Sie sind so wichtig wie Wasser, Nahrung und Schlaf, ohne Austausch leiden wir Qualen. Kein Wunder also, dass wir immer wieder versuchen, uns bestimmten Gruppen anzuschließen und reinzupassen.[38]

Doch wenn wir dabei ständig Kompromisse eingehen müssen, die unseren eigenen Werten widersprechen, werden wir nie das Gefühl von wahrer Zugehörigkeit empfinden. Wir gehören vielleicht von außen betrachtet dazu, wenn wir uns verbiegen, doch es fühlt sich innerlich falsch an. Vielleicht kennst auch du das Gefühl, auf einer Party zu sein, umgeben von Leuten, und eine tiefe Einsamkeit zu empfinden.

Brené Brown erklärt dieses Paradox in ihrem Buch *Entdecke deine innere Stärke*. Denn - und diese Erkenntnis überraschte mich erst einmal - wahre Zugehörigkeit hat gar nichts mit anderen Personen zu tun.

«Wahre Zugehörigkeit ist die spirituelle Praktik, so umfassend an sich selbst zu glauben und zu sich selbst zu gehören, dass man sich der Welt in seiner ganzen Wahrhaftigkeit zeigen kann [...]. Wenn du wahre Zugehörigkeit erleben willst, musst du nicht dein Selbst ändern, sondern du selbst sein.»[39]

Brown betont auch, dass dies einerseits bedeuten kann, Teil von etwas zu sein, andererseits aber auch, ganz allein dazustehen. Und beides darf sich richtig anfühlen. Du kannst dich zugehörig fühlen, während du andere ablehnst. Dieser scheinbare Widerspruch gehöre zum Leben.

Ich fühlte mich zu dem Zeitpunkt meines zweiten Zusammenbruchs ziemlich verloren. Von wegen, wahre Zugehörigkeit. Weder mit mir selbst noch mit anderen war ich verbunden. Diese Erkenntnis tat weh. Doch der Schmerz war wichtig. Denn er zeigte mir, dass es manchmal wehtun muss, um zu verstehen. Und dass ich meine inneren Kritiker nicht nur erkennen, sondern mit ihnen ins Gespräch kommen muss.

3.

Augen auf und durch:
Auf der Jagd nach diesem
verdammten Glück

The Good, the Bad and the Ugly

Ich habe im Laufe meines Lebens immer mehr Teile in mir angenommen. Aber bis 2017/2018, also bis zu meinem zweiten Zusammenbruch, waren es zugegebenermaßen immer die Teile, die gerade reif waren. Die «low hanging fruits» sozusagen. Die ich im Vorbeigehen abpflücken konnte, die mich glänzend reif anfunkelten. Es war offensichtlich gewesen, wo meine Probleme lagen, ich ging sie an, transformierte Dinge und entwickelte mich weiter.

Das klingt in dieser Kurzfassung sehr viel einfacher, als es war. Dieser Prozess war auch hart und mit Schmerz verbunden, aber die Ansatzpunkte waren nicht schwer zu finden. Ich habe aufgeräumt und ausgemistet. Aber ich habe noch nicht die Substanz angeschaut und nicht renoviert. Es ging nicht «zur Sache».

Als ich im Dezember 2017 zusammenklappte und 2018 nach vier Wochen Pause zurück in den Job ging, war mir klar, dass nun die Zeit gekommen war, tief zu graben. Ich musste anfangen, *alles* anzuschauen. Nicht die einfach transformierbaren Anteile, sondern auch die schambehafteten, unangenehmen, gut verdrängten Anteile.

Der Schweizer Psychiater Carl Gustav Jung nennt diesen Prozess die «Schattenarbeit». Im Schatten liegen die Dinge, die wir nicht gern mit uns selbst in Verbindung bringen, die sich mit unserem *Ich* nicht gut vereinbaren lassen.[40]

Bisher hatte ich die Dinge betrachtet, die langsam ans Licht kamen. Doch nun hatte ich beschlossen, dass ich wirklich hingucken wollte, um nicht den nächsten Zusammenbruch zu riskieren.

Kennst du den Italowestern *Zwei glorreiche Halunken*? Im Original heißt dieser *The Good, the Bad and the Ugly*. Und dieser Titel ist bei mir hängen geblieben, völlig unabhängig vom Inhalt. Denn ich glaube, dass wir alle the Good, the Bad and the Ugly in uns tragen. Die guten, die schlechten und die hässlichen Anteile.

Die Stärken und Schwächen sind relativ offensichtlich. Das sind die Bereiche, an denen die meisten von uns arbeiten. Wir versuchen, organisierter zu sein, die Socken nicht herumliegen zu lassen und uns die Unpünktlichkeit abzutrainieren.

Die «hässlichen» Anteile hingegen blenden wir gern aus. Doch nur wenn wir auch sie sehen und lernen, mit ihnen umzugehen, können wir wahre Zugehörigkeit erleben und wirklich im Einklang mit uns selbst sein. Denn hier sind deine tiefsten, inneren Antreiber versteckt, die Gründe, wieso du immer wieder ins Zweifeln kommst und warum du Kompromisse eingehst, die dir gar nicht entsprechen. Hier sitzen deine inneren Kritiker, die so laut werden können, dass sie deine Talente und Stärken kurz und klein hacken.

All diese Anteile gehören zu uns, sind entstanden aus Genen und Erfahrungen, aus Erlebnissen und Prägungen.

Besonders interessant ist in diesem Zusammenhang auch die Forschung zu Epigenetik. Schlechte Erfahrungen, Traumata und posttraumatische Belastungsstörungen hinterlassen Spuren im Körper, die vererbt werden können.[41] Es sind also nicht nur die eigenen Erlebnisse, die uns prägen, sondern sogar die unserer Vorfahren. Und wie wir wissen, haben viele unserer Großeltern Kriege miterlebt, sind auf der Flucht gewesen, haben Menschen sterben sehen, ihre Kinder verloren oder andere zutiefst traumatische Dinge erlebt. Kein Wunder, dass wir struggeln.

Die Erkenntnisse der Epigenetik sind für mich allerdings keine Entschuldigung im Sinne von «Ich kann nichts dafür, dass ich so schräg bin, mein Opa war im Krieg». Aber sie sind ein weiterer Erklärungsansatz, um uns besser zu verstehen, sowie eine Hilfe, um bei der Erforschung der eigenen Schatten über den Tellerrand zu schauen und dieses seelische Erbe bewusster loslassen zu können. Sie sind keine Entschuldigung, aber eine ergänzende Erklärung.

Und dann sind da natürlich noch die Prägungen aus dem eigenen Leben. Vielleicht hast du als Kind Dinge erlebt, die dich dazu gezwungen haben, dich anzupassen. Das können Traumata sein, müssen es aber nicht. Es kann auch sein, dass deine Mutter alleinerziehend war und du gelernt hast, stets zu funktionieren und nie zu leiden, damit euer Alltag reibungslos läuft. Es kann sein, dass deine Eltern dir wenig Aufmerksamkeit geschenkt haben und du das Gefühl hattest, nur geliebt zu werden, wenn du Bestleistungen erbringst. Es kann auch sein, dass du in der Schule so oft gehört hast, dass du nicht gut genug bist, bis du es selbst geglaubt und auf sämtliche Lebensbereiche übertragen hast.

Ich habe beispielsweise wirklich lange gedacht, dass mein Wissensdurst und meine Neugierde Fehler an mir seien. In der Schulzeit bekam ich wieder und wieder zu hören, dass ich mich nicht so aufspielen solle. Schnelles Denken wurde als Überheblichkeit abgetan. Lange Zeit dachte ich, dass ich mich in meiner Neugierde zügeln müsse, um Anerkennung zu bekommen. Was für ein Unsinn.

Zudem sind wir alle mit Diskriminierungen und Vorurteilen konfrontiert, jeden Tag, überall. In den Medien, in der Werbung, auf der Straße, in Gesprächen. Wir kommen nicht drum herum. Und besonders heikel wird es, wenn wir diese Diskriminierungen gegen uns selbst richten. So wie ich es auch getan habe, du erinnerst dich: «Als Blinde kann ich froh sein, überhaupt einen Job zu bekommen.»

Vielleicht denkst du auch: *Mit meinem dicken Bauch sollte ich mich schämen.*

Oder: *Als Frau verdiene ich halt weniger als ein Mann, so ist das eben.*

Oder: *Als Mann mit Migrationsgeschichte habe ich eh keine Chance, eine Wohnung zu finden.*

Diese Aussagen sind nicht wahr, sondern schmerzhafte Diskriminierungen, die du dir selbst zufügst. Ich weiß, dass nicht allein ein persönliches Umdenken genügt, um sie loszuwerden, denn in vielerlei Hinsicht sind solche Selbstsabotagen strukturell geprägt, und es bedarf politischer Prozesse, um kollektive Veränderungen herbeizuführen.

Doch es sind Politik *und* Psyche. Du kannst zwar nicht entscheiden, dass du von außen nicht mehr diskriminiert wirst, da dies außerhalb deines Einflussbereichs liegt. Aber du kannst lernen, diese Diskriminierungen zu hinterfragen. Vielleicht schaffst du es von Mal zu Mal besser, nicht alles anzunehmen, bei dir zu bleiben und deine Selbstliebe stets als Priorität zu sehen.

Wenn du dich mit deinen eigenen Erfahrungen auseinandersetzt und diese immer wieder reflektierst, wirst du ein stabileres und positiveres Selbstbild aufbauen können und zum anderen die Kraft und Energie spüren, dich mit anderen zusammenzutun und möglicherweise politische und gesellschaftliche Veränderungen anzustoßen.[42] Sowohl Inklusion als auch Antidiskriminierung funktionieren von innen nach außen. Du beginnst bei dir. Dann, im zweiten Schritt, kannst du aktiv werden und anderen helfen, indem du deine Stimme gegen Ungerechtigkeiten erhebst.

Ich habe in meinem Leben schon viele Therapien und Coachings gemacht, doch den sehr bewussten Prozess des Hinschauens durchlaufe ich erst seit 2018. Und - ei, ei, ei - das war und ist immer wieder intensiv. In vielen Coaching- und Therapie-Sessions dachte ich, dass ich nun alles kapiert hätte, und verstand dann einige Tage später, dass ich gerade mal an der Oberfläche gekratzt hatte. Mit jeder Session rückte ich ein bisschen näher an mich selbst heran, verstand ich mich ein wenig mehr. Und mit jeder Session gelang es mir besser, meine Unvollkommenheit nicht nur zu sehen, sondern zu mögen. Ich entwickelte ein neues Ziel: Ich wollte aus vollem Herzen leben.[43] Und zu diesem Leben aus vollem Herzen gehörte es dazu, mit unangenehmen Gefühlen umzugehen. Dieser Prozess ist nicht abgeschlossen und wird es vermutlich nie sein. Doch ich bin auf einem guten Weg. Und es fühlt sich gut an, diese Entscheidung getroffen zu haben und immer wieder aufs Neue zu treffen.

Verschweigen oder rausposaunen?
Der Umgang mit unangenehmen Gefühlen

Wir alle vertuschen gern Wut, Traurigkeit, Ängste und andere unschöne Gefühlsgenossinnen.

«Geht schon», sagen wir und wischen uns verstohlen die Träne aus dem Augenwinkel. Dabei wäre uns eigentlich danach, mal richtig laut zu schluchzen. Oder zu brüllen. Oder irgendetwas kaputt zu machen. Vielleicht kennst du dieses Gefühl aus Zeiten, in denen du mit Tod, Krankheit und Trauer konfrontiert warst. Vielleicht auch aus Zeiten, in denen das Leben eigentlich genauso lief, wie du es dir immer gewünscht hast, und du merktest, dass du trotzdem völlig überfordert oder unglücklich warst.

Eines ist wichtig zu wissen: Jedes Gefühl, wirklich jedes einzelne, hat eine Funktion. Du musst dich nicht in jedem suhlen wie ein Flusspferd im Schlammsee, aber du solltest sie alle wertschätzen. Denn sie wollen dir nichts Böses. Sie wollen dich beschützen.

Leon Windscheid beschreibt in seinem Buch *Besser fühlen* unter anderem Angst, Trauer, Wut, (Un-)Geduld und andere Emotionen – und alle von ihnen sind essenziell wichtig für unser Leben.[44] Wut sei beispielsweise oft ein erster Schritt zur Lösung (und ein Hinweis darauf, dass etwas falsch läuft), so der Psychologe, und die Trauer helfe dabei, zu reflektieren und sich selbst besser einschätzen zu können.[45] Zudem seien Trauer und Liebe immer eng miteinander verbunden. «Was wir fühlen, ist niemals falsch.»[46]

Und auch der Neurowissenschaftler und Psychiater Dr. Daniel G. Amen aus den USA ist sich darüber bewusst, wie wichtig es ist, sich auf den Schmerz einzulassen. Dazu gehöre, präsent zu sein und achtsam wahrzunehmen, wo wir uns gerade befinden. Denn so fühlen wir uns sicher und können die Auswirkungen der schmerzhaften Erfahrungen auf unsere Gesundheit verringern.[47]

Zudem können auf den ersten Blick gegensätzliche Emotionen wie Kummer und Freude auch ineinandergreifen – das wird ganz wunderbar in dem Pixar-Film *Alles steht Kopf* thematisiert, bei dem neben der Geschichte des Mädchens Riley auch die Geschichte ihrer Emotionen erzählt wird, die als lustige Figuren ständig auf die Umstände reagieren. Das innere Team wurde noch nie so bezaubernd dargestellt.

Als Riley beispielsweise ihren Eltern ihr Heimweh gesteht, bekommt sie Trost, Verständnis und menschliche Geborgenheit – so entstehen Erinnerungen, die von Kummer und Freude gleichzeitig geprägt sind. Wenn wir es also schaffen, unsere Gefühle zu äußern, kann daraus auch etwas sehr Schönes entstehen.

Wichtig ist dabei auch zu wissen, dass unsere Stimmung eine essenzielle Rolle in unserer Wahrnehmung spielt. «Deine Stimmung beeinflusst, was du siehst und hörst», erklärt die Neurowissenschaftlerin Lisa Feldman Barrett. Sie berichtet von Forschungen, die zeigen, dass Menschen, die gut gelaunt sind, neutrale Gesichter als vertrauenswürdig, sympathisch und attraktiv einordnen, während schlecht gelaunte Menschen die exakt gleichen Bilder sehr viel negativer bewerten.[48]

In einem TEDx Talk gibt sie ein anderes Beispiel: Es geht um einen Soldaten im Krieg.[49] Er hört etwas im Gebüsch rascheln – und da sieht er sie: eine Reihe Guerillakämpfer mit Maschinengewehren. Er entsichert seine Waffe und richtet sie auf den Anführer, der eine AK 47 bei sich trägt. Er fokussiert sich auf sein Ziel, den Finger auf dem Abzug. Dann spürt er eine Hand auf seiner Schulter, ein Kamerad flüstert: «Schieß nicht. Es ist nur ein Junge.»

Er lässt seine Waffe sinken und schaut genauer hin. Ja, es ist tatsächlich ein Junge, gerade einmal 10 oder 11 Jahre alt. In der Hand hält er einen langen Stock, hinter ihm laufen keine Kämpfer, sondern Kühe.

Der Soldat war so angespannt, dass seine Wahrnehmung ihm diesen Streich gespielt hat, der fast einen Jungen das Leben gekostet hätte. Dieses Beispiel zeigt in extremer Form, wie immens der Einfluss unserer Psyche auf unsere Wahrnehmung ist.

Wir alle kennen das im Kleinen aus dem Alltag: Wenn du gut drauf bist, juckt dich ein blöder Spruch nicht, und du kannst vielleicht darüber lachen. Wenn du sowieso schon einen miesen Tag hast, gehst du an die Decke und rastest wegen dieser *unfassbaren Respektlosigkeit* völlig aus. Es ist der gleiche Spruch. Nur dein Gefühl und die daraus resultierende Verarbeitung ist anders. Lisa Feldman Barrett betont deshalb immer wieder: «Du glaubst, was du fühlst.» Unsere Realität ist immer konstruiert.

Um das und uns selbst besser zu verstehen, müssen wir präsent sein. Wenn wir unsere Gefühle einordnen möchten - also: War der blöde Spruch wirklich so respektlos, oder brauche ich bloß eine Auszeit und mehr Schlaf? -, müssen wir wahrnehmen, was los ist. Was unser Körper braucht, wie wir gelaunt sind, welche Bedürfnisse (un-)erfüllt sind, ob wir unsere Werte leben und eben: wie es uns geht.

Wir neigen aber leider dazu, nicht präsent zu sein und Gefühle wirklich zu fühlen, sondern unterschiedlichste Strategien anzuwenden, um sie zu verstecken: Kontrollmechanismen und überzogener Perfektionismus, People Pleasing, also alles tun, um anderen zu gefallen, Betäubung durch Drogen und Alkohol oder die Vermeidung von Orten und Aktivitäten, die ungute Gefühle verursachen könnten.[50]

Ich sag mal so: Been there, done that. Alles davon. Ich verstehe dich also nur zu gut, wenn du gerade denkst: Ups, ich mache das auch. Das ist nicht schlimm. Denn unsere Psyche muss sich schützen, und das ist auch gut und gesund. Würden wir jedem Gefühl unendlich viel Raum geben, puh, dann hätten wir als Gesellschaft ein ziemlich anstrengendes Zusammenleben. Authentizität hin oder her: Du willst nicht immer en détail wissen, was in den Leuten um dich herum abgeht. Zudem würden wir verrückt werden, wenn wir alles, was in uns passiert, wahrnehmen würden. Stell dir vor, du würdest ständig deinen Atem hören, das Gluckern der Magensäfte, das Rauschen des Blutes. Stell dir vor, du würdest jedes Mal, wenn du dich ein bisschen unwohl fühlst, deine komplette Aufmerksamkeit auf dieses Gefühl richten. Du wärst nicht mehr lebensfähig. Ein gewisses Maß an Verdrängung ist sinnvoll. Doch irgendwann kippen diese gesunden Verdrängungsmechanismen ins Ungesunde.

«Alles Unterdrückte steht eines Tages vor der Tür und haut dir zur Begrüßung in die Fresse», schrieb Atze Schröder so treffend.[51]

Mir hat es nicht in die Fresse geschlagen, aber den Boden unter den Füßen weggezogen. Spätestens mit dem zweiten Burn-out war klar, dass mein Umgang mit mir selbst toxische Züge angenommen hatte und ich einen neuen Umgang finden musste. Ich wollte nicht mehr weglaufen, sondern hinschauen. Jetzt oder nie. Es war ein riesiges Geschenk, so unbeschadet aus zwei psychisch bedingten Zusammenbrüchen herausgekommen zu sein. Andere Menschen zerbrechen daran, ich kam mit mehrfacher Bewusstlosigkeit davon. Sogar eine dritte Chance wurde mir auf dem Silbertablett serviert. Ich wollte es nicht versauen. Nicht noch mal.

Sowohl hinsichtlich meiner inneren Haltung mir selbst gegenüber als auch beruflich habe ich mich nach dem Zusammenbruch verändert. Ich blieb zwar im Unternehmen, aber verzichtete auf einen Teil meines Gehalts, um mehr Freiraum in mein Berufsleben zu bringen. Gemeinsam schufen wir eine neue Position für mich, die meinen Idealen entsprach - auch wenn sie finanziell ein Rückschritt war. Ich wurde Community- und Start-up-Managerin, und die Zusammenarbeit mit der Frau, mit der ich nicht zusammenpasste, war damit beendet.

Ende 2018 startete ich zudem eine Coaching-Ausbildung, die ich neben meinem Job absolvierte. Der Gedanke drängte sich geradezu auf - denn ich hatte zu diesem Zeitpunkt bereits seit fünfzehn Jahren Unternehmen optimiert, habe geschaut, wo und wie sie mehr Geld verdienen können, und meine Erfahrung hatte gezeigt: Am Ende landen wir immer beim Faktor Mensch. Optimierung kann nur gelingen, wenn wir die Menschen nicht aus dem Blick verlieren. Ich selbst war das beste Beispiel. Wenn wir die Bedürfnisse der Persönlichkeiten vernachlässigen, kracht alles zusammen - sowohl die Psyche der Einzelnen als auch das Unternehmen insgesamt. Deshalb entschied ich mich, Coach zu werden, und stehe bis heute mit meiner Arbeit für menschengerechte Führung und

Organisation. Ich stelle Menschen in den Mittelpunkt des unternehmerischen Erfolgs und will Menschen mit Menschen in Verbindung bringen. Denn nur wenn der Mensch in seiner Stärke ist, können Unternehmen, Gemeinschaften, Kollegien und Systeme langfristig erfolgreich funktionieren.

Ich ging also als angehende Coachin und Community- und Start-up-Managerin im Büro ein und aus, hatte aber nur wenige Schnittstellen mit anderen. Endlich durfte ich wieder in meiner kleinen Keimzelle arbeiten, mein Einhorn-Dasein zelebrieren. Einmal mehr zeigte sich, dass ich mit meiner Persönlichkeit viel Freiraum brauchte. Ich fühlte mich immer am wohlsten, wenn ich möglichst unabhängig war, und die Coaching-Ausbildung war der erste Schritt in die Selbstständigkeit. Zwar arbeitete ich noch ein Jahr bei dem Arbeitgeber, doch aufgrund meines «Einsiedler-Jobs» und der Ausbildung ahnten bereits viele Teammitglieder, dass ich nicht bis zur Rente bleiben würde.

2019 wurde es dann immer spannender – ich hatte meine ersten größeren Bühnenauftritte, wurde zum Podcast-Interview mit dem Handelsblatt eingeladen[52] und spürte dieses ganz besondere Kribbeln, das sich einstellt, wenn sich neue Wege eröffnen. Stolz und aufgeregt erzählte ich auch meinen Kollegen von meinen Erlebnissen, verheimlichte nichts – wieso auch?

Dann kam Montag, der 26. August 2019. Es war 16:15 Uhr, ich wollte gerade Feierabend machen. Im Vorbeigehen pfiff mich meine Abteilungsleiterin zu sich ins Büro.

«Lina, du gehst schon?», fragte sie.

«Ja, ich habe acht Stunden gearbeitet.»

«Hm, hm. Mir ist aufgefallen, dass du in letzter Zeit immer

sehr pünktlich Feierabend machst. Obwohl deine Kollegin geradezu versinkt in Arbeit. Die Lina, die ich von früher kenne, wäre nicht gegangen, sondern hätte mit ihr zusammen Überstunden gemacht.»

Ich war kurz perplex. Was sollte ich darauf antworten? Wurde ich gerade ernsthaft dafür kritisiert, «nur» in Vollzeit meinen Job zu machen? Wurde selbst nach meinem Burn-out erwartet, dass ich mich weiter kaputtarbeite? Was war das für ein Ziel, Mitarbeitende so lange zu triezen, bis sie zusammenklappen und ausfallen?

Als ich gerade den Mund öffnen wollte, um zu antworten, sprach meine Abteilungsleiterin weiter.

«Lina, ich will ganz offen mit dir sein. Du hattest hier schon immer eine gewisse Sonderrolle, das wissen wir alle. Aber so langsam habe ich das Gefühl, dass die ganze Publicity mit Podcast und Co. dir zu Kopf steigt. Ich möchte dich bitten, dich wieder auf deinen Job zu konzentrieren.»

Nach diesem «Gespräch», das vielmehr ein Monolog der Unverschämtheiten war, saß ich perplex in der Bahn und bekam einen heftigen Migräneanfall. Ich kam zu Hause an und legte mich sofort ins Bett. Am nächsten Morgen waren die Kopfschmerzen zwar erträglicher geworden, doch ich war wütend. So wütend. Alles in mir schrie: *Schluss damit. Ich möchte das nicht mehr.*

Innerhalb von 24 Stunden ging ich mit meinem inneren Team in den Austausch. Ich hatte dir von diesem «Meeting» ja bereits berichtet - wir waren uns alle sehr schnell sehr einig. Es war Zeit für die Kündigung und das Wagnis der Selbstständigkeit. Ich war so weit.

In diesen 24 Stunden wurde mir bewusst, dass die Worte meiner Abteilungsleiterin eigentlich gar nicht so schlimm waren. Sie waren die sprichwörtlich letzten Tropfen, die das Fass zum Überlaufen gebracht haben. Ich wollte doch sowieso weg, mir fehlte nur der Mut. Als ich das erkannte und spürte, dass dieser Mut nun endlich da war, verflüchtigte sich meine Wut ziemlich schnell. Ich habe es geschafft, diese intensive Emotion wahrzunehmen, ihre Kraft zu erkennen und ihre Energie zu transformieren.

Ob es Zufall ist, dass man nur das «W» aus «Wut» umdrehen muss, um «Mut» zu erkennen?

Ich glaube, dass genau hier das Geheimnis im Umgang mit unangenehmen Gefühlen liegt. Sie können kraftvoll sein, sie weisen uns auf Dinge hin, die wir vielleicht bisher nicht sehen wollten oder konnten. Wenn wir unsere Gefühle annehmen und sie von allen Seiten beleuchten, entdecken wir möglicherweise spannende Erkenntnisse dahinter. Sehen Dinge klarer und können uns eingestehen, dass wir vielleicht zu lange in die falsche Richtung gelaufen sind.

Auch wenn sich so ein Eingeständnis kurz blöd anfühlt, glaub mir: Es ist überhaupt nicht schlimm, Fehler zu machen. Denn nur durch das Ausprobieren von Dingen merken wir, was sich richtig oder falsch anfühlt.

Denke nicht: «Ich Idiotin. Wieso bin ich nicht viel früher darauf gekommen?», sondern: «Wie großartig, dass ich wieder einen Schritt weitergekommen bin!»

Es gibt Kinder, die an besonders kniffeligen Fragestellungen nicht verzweifeln, sondern sich die Hände reiben und sagen: «Ich liebe schwierige Aufgaben!»

Ich finde: Genau so sollten wir das Leben sehen. Wir sollten all die Herausforderungen wie eine Achterbahn empfinden – und die kann bekanntlich richtig Spaß machen. Wir dürfen uns darüber freuen, auch mal nicht weiterzuwissen. Denn wir wachsen mit jeder Entscheidung, mit jedem Fehler, mit jedem Erfolg und Misserfolg, mit jeder Wut, mit jeder Freude. Das alles ist genau richtig. So wie es ist. So wie du bist.

Übrigens: Die eine Sache ist es, mit unangenehmen Gefühlen umzugehen – die andere Sache, sie zu kommunizieren. Ich beobachte immer wieder, dass Menschen sehr lange gar nichts sagen, so tun, als sei alles blendend, und dann plötzlich einen Seelenstriptease hinlegen und all ihre psychischen Probleme und depressiven Phasen offenlegen. Dieses Entblößen der Seele führt dann wiederum zu Enttäuschungen, wenn die Offenheit des Umfelds fehlt, alle nur verlegen herumdrucksen und niemand so richtig weiß, wie man damit nun umgehen soll.

Doch wie geht es besser? Auch hier gilt: Inklusion funktioniert von innen nach außen. Im ersten Schritt beschäftigst du dich mit dir. Schau deine Schatten an, arbeite daran, dich selbst besser zu verstehen und zu reflektieren. Nimm deine Ecken und Kanten wahr und nimm sie an. Sei ehrlich zu dir. Und wenn du das geschafft hast, wirst du auch deine Bedürfnisse besser kennenlernen und kannst üben, sie nach außen zu tragen. Ohne Seelenstriptease.

Also zusammengefasst:

1. *Lage checken.* Wie geht es dir wirklich? Zu dir selbst kannst du gnadenlos ehrlich sein. Dabei kannst du dir gern Hilfe holen durch Therapeutinnen oder Coaches.
2. *Bedürfnisse rausarbeiten.* Was brauchst du in dieser aktu-

ellen Lage, um gut leben zu können? Mehr Ruhe, mehr Austausch, Urlaub, Herausforderungen, Veränderungen? Male dein Idealbild eines perfekten Tages und überlege, wie du diesem möglichst nahekommen kannst.

3. *Bedürfnisse kommunizieren*. Genau diese Bedürfnisse kannst du dann weitergeben. Dafür legst du nicht deine gesamte Gedankenwelt offen von «Mein Papa war immer so gemein, als ich drei Jahre alt war» bis zu «Letzten Samstag habe ich im Supermarkt geheult, als keine Bananen mehr da waren». Das darf alles bei dir bleiben, wenn du es nicht teilen möchtest. Was du aber wirklich teilen solltest, sind die Dinge, die du brauchst, damit es dir besser geht.

Der Unternehmensberater und Autor Simon Sinek schrieb auf Twitter so passend: «Transparency doesn't mean sharing every detail. Transparency means providing the context for the decisions we make.»[53]

Auf Deutsch: «Transparenz bedeutet nicht, jedes Detail zu teilen. Transparenz bedeutet, den Kontext für Entscheidungen zu vermitteln.»

Steh für dich ein. Dafür musst du dich nicht emotional entblößen. Es reicht, wenn du selbst die Details kennst.

Hilfe, ich brauche Hilfe!

In der Zeit nach meinem zweiten Burn-out war ich unendlich dankbar dafür, nicht allein diesen Weg der Schattenarbeit gehen zu müssen. Allein hätte ich ihn nicht gefunden. Nur mithilfe von Coaching und Therapien habe ich es geschafft, heute zumindest eine Idee davon zu haben, wieso ich so bin, wie ich bin, woher ich komme, wohin ich will, wie ich das schaffen kann und was ich brauche. Es hat viele Gespräche, Tränen, Sitzungen und Stunden gebraucht, um Vergangenes zu verarbeiten, die Gegenwart zu verstehen und die Zukunft zu gestalten. Und es wird immer wieder Punkte und Momente in meinem Leben geben, an denen ich allein nicht weiterkomme. Es gibt ab und zu diese Blockaden im Kopf, an denen ich immer wieder hängen bleibe. Diese Denkmuster, die ich zwar bemerke, aber nicht auflösen kann. In so einem Moment brauche ich ein Gegenüber, mit dem ich darüber sprechen kann.

Durch meine Sehbehinderung ist das Thema «Hilfe annehmen» bei mir mit sehr vielen Emotionen verbunden. Ich habe bereits erzählt, dass ich mich lange Zeit mit Händen und Füßen dagegen gewehrt habe, als hilfsbedürftig angesehen zu werden. Dass ich lieber internationale Flüge verpasst habe, statt das Hilfsangebot des Flughafens für sehbehinderte Menschen zu nutzen. Ich musste lernen, Hilfe annehmen zu können. Und ich glaube, dass ich damit nicht allein bin.

Das Eingeständnis «Ich schaffe es nicht allein» steht für viele Menschen in einer Reihe mit «Ich bin ein Versager» und «Ich kann gar nichts».

Bullshit! Aus mehreren Gründen.

Erstens: Niemand ist eine Insel. Wir sind Teil einer Gesellschaft, sind soziale Wesen, sind auf Zusammenarbeit angewiesen. Ohne andere Menschen gäbe es den Stuhl oder die Couch, auf der du gerade sitzt, nicht. Kein Krankenhaus. Kein Auto. Nichts gäbe es. Gar nichts. Ohne Kooperationsbereitschaft und die Idee, das Leben für andere besser zu machen, wäre die Menschheit direkt ausgestorben. Wir hängen alle zusammen.

Zweitens: Es klingt erst einmal absurd, aber durch deine

Hilfsbedürftigkeit kannst du anderen ein gutes Gefühl geben. Menschen helfen gern. Wir fühlen uns großartig, wenn wir anderen etwas Gutes tun können. (Ein ziemlich guter Trick der Natur, um unser Überleben zu sichern.)

Ich habe diese Erfahrung oft im Zusammenhang mit meiner Sehbehinderung gemacht. Menschen freuen sich, mir helfen zu können, wenn ich sie aktiv darum bitte. Gebraucht zu werden ist erfüllend. Das geht so weit, dass viele Menschen weit über das Ziel hinausschießen und ich Hilfe ablehnen muss - darüber habe ich ja bereits im Zusammenhang mit dem Thema «Enttäuschung» gesprochen.

Mach dir also diese zwei Punkte bewusst, wenn es dir schwerfällt, nach Hilfe zu fragen: Unsere Menschheit basiert auf Kooperation, und andere Menschen fühlen sich (zumindest meistens) gut, wenn sie dir helfen dürfen.

Und noch ein dritter Punkt ist entscheidend: Du lernst, deine Schwächen anzuerkennen. So wie ich gelernt habe, dass ich mit meiner Sehbehinderung nicht alles so kann wie andere, wirst auch du deine Schwächen haben, bei denen du Hilfe brauchst. Egal, ob es kleine, ganz alltägliche Dinge sind oder große Themen, bei denen du merkst, dass du nicht weiterkommst. Selbst wenn ich sehen könnte, bräuchte ich in vielen Dingen Unterstützung. Ich bin beispielsweise viel zu ungeduldig, um alle Details in umfangreichen Plänen oder Verträgen zu checken. Das ist nicht mein Ding.

Und auch meine zwei Trennungen, die mir wehtaten, hätte ich allein nicht überstanden. Es war unendlich wichtig, Menschen um mich zu haben, die mich liebten und mir Empathie entgegenbrachten.

Es ist stark zu erkennen, wo genau du Unterstützung brauchst und wo nicht. Und diese Hilfe aktiv einzufordern.

Damit gibst du keine Verantwortung ab, im Gegenteil: Du übernimmst Verantwortung für dich selbst und passt auf dich auf, um nicht in die Überforderung zu geraten.

Das habe ich viel zu oft und viel zu lange nicht getan, und ich habe bis heute immer wieder mit dem Thema zu kämpfen, weil es so vielschichtig ist. In Deutschland sind beispielsweise viele Menschen sehr schroff, wenn man um Hilfe bittet.

Ein Beispiel aus dem Bordbistro der Deutschen Bahn. Ich frage: «Entschuldigen Sie, haben Sie einen Salat auf der Karte?»

Die Antwort: «Steht doch da. Lesen Sie halt mal richtig!»

Erst mit der Erklärung meiner Sehbehinderung werden die Menschen weicher und verständnisvoller – und schlimmstenfalls wollen sie mir dann nicht nur die Frage beantworten, sondern auch noch die komplette Bahnfahrt dafür sorgen, dass mir nichts passiert.

Wieso gibt es eigentlich diese erste Schroffheit? Warum können wir nicht davon ausgehen, dass Menschen, die nachfragen, einen Grund dafür haben? Und wieso können wir nicht einfach die Nachfrage beantworten, und damit hat es sich erledigt? Ich habe diese zwei Extreme so oft und in so vielen Kontexten erlebt: Ignoranz und Schroffheit auf der einen Seite, vorauseilender Gehorsam und Überkompensation auf der anderen Seite. Wir sollten wieder versuchen, die gesunde Mitte zu finden. Und das geht nur, indem wir a) uns selbst besser kennenlernen, b) Bedürfnisse kommunizieren und c) in den Dialog gehen. Denn alles andere sind Annahmen, die wir ungefragt über andere treffen, ohne wirklich miteinander zu reden. So wird Inklusion nicht funktionieren. Wir müssen wieder mehr Menschlichkeit leben und einander zuhören.

Coaching ohne Bullshit

Ich bin ein großer Fan von Therapien und Coaching. Klar, denkst du jetzt. Lina ist schließlich selbst Coachin, die muss das behaupten, um Geld zu verdienen. Und dennoch – oder gerade deshalb – möchte ich auch einen sehr kritischen Blick auf die Coaching-Szene werfen. Ich bejuble nämlich bei Weitem nicht alles, was da passiert. Die FAZ hat die Coaching-Szene als «Wachstumsmarkt» bezeichnet und gleichzeitig vor «Scharlatanerie» gewarnt.[54]

Tatsächlich gibt es auf dem Markt viele Anbietende, die Menschen coachen, ohne wirklich Ahnung zu haben. Sie sehen das «leicht» verdiente Geld, laufen dem Trend hinterher und wollen mitmischen, haben aber weder Erfahrung noch Expertise. Es gibt Menschen, die sich nach einem 3-tägigen Workshop «Coach» nennen – der Begriff ist nicht geschützt – und ihr gesamtes Wissen aus diesen drei Tagen und vielleicht einem Fachbuch nehmen. Ich würde so einer Person nur ungern mein Herz öffnen, und dir geht es vermutlich ähnlich. Der Wirtschaftspsychologe Uwe Kanning sagte in einem Interview, er schätze weniger als 20 Prozent der Coaches als wirklich seriös ein, da die Coachingausbildungen «uferlos» seien.[55]

Tatsächlich glaube ich, dass die allermeisten Coaches gute Absichten und ehrenwerte Ziele haben, selbst wenn wenig Erfahrung und Wissen im Spiel sind. Sie wollen helfen. Doch die Frage ist: Wollen sie Menschen befähigen oder abhängig machen? Ich bin der Meinung, dass ein guter Coach sich selbst überflüssig machen sollte. Dann hat das Coaching gefruchtet, denn es geht darum, Menschen dabei zu helfen, ihren eigenen Weg zu finden, indem Denkmuster aufgedeckt und Blockaden überwunden werden.

Natürlich kommt man immer wieder im Leben an Punkte, an denen ein erneutes Coaching hilfreich sein kann, doch prinzipiell sollte es so laufen, dass nach einigen Sessions die Arbeit erst einmal erledigt ist, weil die oder der Coachee die Hürde überwunden hat - aus eigener Kraft.

Ich erlebe es aber leider immer wieder, dass Coaches auf Abhängigkeiten setzen. Das geschieht auf drei Wegen: durch die Ausschüttung von Glückshormonen, durch eine parasoziale Beziehung sowie durch die Beratung. Schauen wir uns alle drei Bereiche genauer an.

1. Abhängigkeit durch Glückshormone

Vielleicht kennst du Videos von großen Live-Coaching-Events oder warst selbst schon einmal dabei. Eine Coachin steht auf der Bühne, Hunderte Zuschauer davor. Es wird gejubelt, geklatscht, gelacht und geweint. Die Coachin zieht alle in den Bann, ist inspirierend und motivierend - es liegt diese ganz besondere Energie in der Luft, im Bauch tanzen die Schmetterlinge vor Aufregung. In diesem Moment wird ein ganzer Cocktail an Hormonen in den Gehirnen der Zuschauenden ausgeschüttet. Dopamin stärkt den Antrieb, Serotonin reduziert die Angst und sorgt für gute Laune, Oxytocin schafft Vertrauen und Bindung, Endorphine geben Energie, und Adrenalin sorgt für den positiven Stress-Kick, der euphorisierend wirkt und dem Publikum das Gefühl gibt: *Das ist es! Genau das!* Wenn du in der Menge sitzt, denkst du, dass die Person auf der Bühne genau dich anspricht. Dass sie genau den Kern deiner Probleme erfasst hat und endlich eine Lösung präsentiert. Natürlich ist das motivierend. Doch dann kehrst du nach dem Event nach Hause zurück und fällst in ein Loch. Denn außerhalb dieses Events hat sich nichts verändert. Du steckst im gleichen System wie vorher, und dein Umfeld hat von dieser Energie der Veranstaltung nichts mitgekriegt und zeigt wenig Verständnis. Was passiert nun also? Du brauchst mehr von diesem Hormoncocktail-Kick. Tatsächlich wird vor allem durch das Zusammenspiel von Dopamin und Endorphinen das Suchtzentrum deines Gehirns aktiviert.[56] Anders gesagt: Du willst nicht nur mehr davon, sondern du *brauchst* mehr davon. Zumindest glaubst du das. Oft wird deshalb bereits am Ende eines solchen Events das nächste angepriesen – zum einmalig günstigen Sonderpreis von nicht 5000 Euro, nicht 4000 Euro, nicht 3000 Euro, sondern nur 2999 Euro. Exklusiv für alle, die noch an diesem Abend buchen. Ziemlich verlockend. Und ein klares Zeichen dafür, dass du skeptisch werden solltest.

Denn genau das ist Abhängigkeit, keine Befähigung. Du badest in Hormonen, aber du veränderst nicht dein Leben, indem du als eine von 1000 Personen im Publikum sitzt. Auch wenn es sich kurz so anfühlt. Es ist wie im Urlaub, wenn man sich sagt: «Ich werde von nun an jeden Morgen 60 Minuten Yoga machen und mir auch zu Hause diese Chiasamen-Smoothie-Bowl zubereiten.» Mal ehrlich: Wir landen alle schnell wieder bei der Snooze-Taste, Toast und Kaffee. Echte Veränderungen brauchen Zeit und individuelle Begleitung, nicht nur Event-Euphorie.

2. Abhängigkeit durch parasoziale Beziehung
Die parasoziale Beziehung beschreibt einen «spezifischen Modus, mit dem sich Rezipienten zu den in den Medien dargestellten Akteuren in Beziehung setzen»[57]. Dabei geht es normalerweise um Figuren aus Filmen oder Serien – ein Klassiker sind Serien wie *Friends, Sex and the City* oder *How I Met*

Your Mother, bei denen man das Gefühl hat, mit den Charakteren befreundet zu sein.

Genau diese parasoziale Beziehung kann auch bei Coaches entstehen. Viele sind auf Social-Media-Kanälen sehr präsent, blicken in die Kamera und sprechen dich direkt an. Wenn du ihnen jeden Tag dabei zuschaust, wie sie ihren Alltag präsentieren, und das Gefühl hast, dass sie Lösungen für deine großen Lebensfragen haben, entsteht eine gefühlte Nähe - wenn allerdings 20 000 Followerinnen diese Nähe spüren und du nie wirklich mit der Person hinter der Kamera gesprochen hast, ist die Beziehung parasozial.

Das Gleiche kann auch mit den bereits erwähnten Live-Coaches auf den Bühnen geschehen. Du denkst: Endlich versteht mich jemand. Endlich ist da jemand, die oder der so denkt wie ich. Und mit diesem Menschen willst du so viel Zeit wie möglich verbringen. Koste es, was es wolle.

Willkommen in der Abhängigkeit.

3. Abhängigkeit durch Beratung

Gehen wir davon aus, dass du weder eine parasoziale Beziehung aufgebaut hast noch auf der Suche nach dem nächsten Kick in Form eines Hormoncocktails auf Live-Coachings bist. Du hast «ganz normale» Coaching-Sessions mit einem erfahrenen Coach oder einer Coachin.

Doch das, was in diesen Sessions passiert, ist möglicherweise kein Coaching, sondern eine Beratung. Wenn «Coaches» - die in diesem Fall eigentlich Beratende heißen müssten - Entscheidungen für dich treffen oder dir erklären, welcher Weg sinnvoller ist, bekommst du kein Coaching. Du wirst nicht befähigt, selbst für dich einzustehen, sondern gibst die Verantwortung für deine Entscheidungen ab. (Und wenn es am

Ende schiefläuft, kannst du immer noch behaupten, dass die Coachin oder der Coach schuld ist, statt Verantwortung für dein eigenes Handeln zu übernehmen.)

Diese Beratungen sorgen ebenfalls für eine Abhängigkeit – weil sie vermeintlich das Leben erleichtern, indem Entscheidungen an eine andere Person ausgelagert werden. Coaches, die so arbeiten, nutzen aus, dass Menschen sich verloren fühlen. Um bildhaft zu sprechen: Sie gehen voraus und schlagen den zugewucherten Weg frei, statt ihren Coachees eine eigene Machete zu geben und ihnen zu erklären, wie sie diese benutzen können.

Wenn eine Person zu mir kommt und sagt: «Gut, dass wir uns sehen, ich kann mich gerade nicht entscheiden und brauche deine Einschätzung», dann unterbreche ich den Prozess sofort und führe ein Auftrags-Klärungs-Gespräch. Denn ich berate nicht. Ich entscheide nicht. Ich befähige. Und bestenfalls braucht mich diese Person in ein paar Wochen nicht mehr, weil sie dank mir wieder klar sehen kann und ins Handeln kommt.

So findest du einen guten Coach

Bist du gerade an einem Punkt in deinem Leben, an dem du Veränderungen anstoßen, hinschauen und dich selbst besser kennenlernen willst? Aus eigener Erfahrung kann ich sagen, dass es nahezu unmöglich ist, die großen Wendepunkte allein zu schaffen. Coaches sind darauf spezialisiert, dir die richtigen Fragen zu stellen, dich zu begleiten, innere Blockaden und Antreiber zu erkennen und gegebenenfalls aufzulösen.

Zugegeben: Coaches haben nicht den besten Ruf. Leider oft zu Recht. Ich weiß, dass der Markt überschwemmt ist und viele Coaches vor allem die eigene Gewinnmaximierung im Sinn haben. Deshalb möchte ich dir einige Tipps an die Hand geben, mit denen du eine gute Coachin finden kannst, die dir wirklich hilft, deinen eigenen Weg zu erkennen.

Tipp 1: Achte auf eine gute Ausbildung. Lege Wert darauf, dass dein Coach mindestens eine einjährige, besser noch eine längere seriöse Ausbildung absolviert hat. Idealerweise sollte sie oder er bei einem der großen Coaching-Verbände zertifiziert sein, die strenge Richtlinien für Mitglieder haben. Ich bin beispielsweise beim ICF, aber es gibt auch weitere Verbände, die hohe Voraussetzungen haben. Es ist sinnvoll, bei der Zertifizierung eines Coaches genau hinzuschauen und zu recherchieren, wofür der Verband steht.[58] Zudem solltest du in deiner Muttersprache gecoacht werden. Extratipp: Auch Plattformen wie betterup.com haben strenge Richtlinien und können qualifizierte Coaches vermitteln.

Tipp 2: Das Erstgespräch muss kostenlos sein. Wer schon für das Kennenlernen Geld nimmt, sollte sofort aus deiner Liste herausfliegen. Ein Erstgespräch sollte mindestens 30, besser noch 45 Minuten dauern.

Tipp 3: Die Chemie muss stimmen. Die Coachin kann noch so gut ausgebildet sein – wenn du beim Erstgespräch kein gutes Gefühl hast, wirst du von der Zusammenarbeit nicht profitieren. Vertraue deinem Bauchgefühl.

Tipp 4: Du redest mehr als dein Coach. Der Redeanteil deines Coaches sollte nicht höher als 20 bis 30 Prozent sein. Sonst geht es nicht um dich, sondern um den Coach.

Tipp 5: Coaching ist keine Beratung. Deine Coachin sollte bestenfalls nur Fragen stellen. Natürlich darf sie auch Perspektiven und Gedanken teilen, doch es sollte nie in eine Beratung kippen. Eine gute Coachin befähigt dich, selbst Entscheidungen zu treffen, aber berät dich nicht dabei, welche die richtige ist.

Tipp 6: Keine überzogenen Erwartungen haben. Es ist ein Mythos, dass man in jeder Coaching-Session Energie und Euphorie tankt. Manchmal werden auch fundamentale Veränderungsprozesse angestoßen, die erschöpfend sind und einige Tage nachwirken. Du wirst nicht immer das Gefühl haben, die Welt umarmen zu wollen. (Aber manchmal schon.)

Tipp 7: Gib dir Zeit. Zwischen den Sessions sollten gut zwei Wochen Pause sein, damit das Besprochene nachwirken kann und du in die Umsetzung kommst. Es gibt auch intensivere Zeiten mit einer höheren Frequenz, aber diese zwei Wochen sollten ein guter Schnitt sein.

Tipp 8: Finger weg von Lockangeboten. «Wenn du zehn Sessions kaufst, kriegst du die elfte umsonst» - bitte nicht! Je nach Thema gibt es eine bestimmte Empfehlung für die Anzahl der Sitzungen. Aber wenn du noch keine Ahnung hast, was dein Thema ist, starte erst mal mit drei Sessions und beobachte, was das Coaching mit dir macht.

Tipp 9: Vertraue dir selbst. Du bist der Spezialist und weißt am besten, wann du die nächste Session brauchst, was du besprechen willst und ob deine Coachin die für dich richtigen Fragen stellt. Du darfst auch Kritik äußern und Bescheid sagen, wenn das Gespräch in eine für dich falsche Richtung läuft.

Tipp 10: Sei realistisch und lass dich nicht verführen. Die Teilnahme an einem dreitägigen Live-Coaching-Event löst nicht deine Probleme. Ich weiß, die Werbevideos wirken verlockend, und ich weiß, es fühlt sich so gut an. Aber dein Geld kannst du wahrlich sinnvoller investieren.

Tipp 11: Coaching ist keine Therapie. Coaches arbeiten nur mit psychisch gesunden Menschen und sollten Personen, die sehr instabil sind, zu Therapeuten schicken. Alles andere ist nicht seriös. Auch hier hilft es, in die ethischen Grundlagen der Coaching-Verbände zu schauen, die in dieser Hinsicht eine klare Trennung vorgeben sollten.

Tipp 12: Achte auf die AGB. Es ist wichtig, dass die Coachin klare Allgemeine Geschäftsbedingungen (AGB) hat, in denen Themen wie Vertraulichkeit geregelt sind.

Purpose Chaser und Oxytocin-Kater

Okay, auf die Gefahr hin, dass ich meinen eigenen Job in die Knie kritisiere – es gibt noch ein weiteres Problem des Coaching-Trends: die Purpose Chaser. Ich habe diesen Begriff selbst kreiert. Für mich sind Purpose Chaser Menschen, die

Unmengen an Geld ausgeben, um sich selbst zu optimieren und ihren Sinn, also ihren Purpose, zu finden. Dabei bleiben sie aber stets im Außen und kommen nicht weiter.

Auch hier ist es wichtig zu differenzieren. Es ist gut und richtig, sich mit sich selbst zu beschäftigen. Auch ich brauche für alles, was ich im Leben tue, ein «Warum», einen Sinn. Und es ist auch in Ordnung, Geld für Coachings und Therapien auszugeben. Doch es gibt Menschen, die zu mir ins Coaching kommen und mir eine ganze Liste von Seminaren, Events, Workshops und Retreats vorlegen. Sie erklären mir ihre täglichen Affirmationen, ihre Routinen, erzählen mir von zig Büchern – und enden dann mit dem Satz: «Aber ich weiß komischerweise immer noch nicht, was ich wirklich will.»

Sie sind der Meinung, dass der Besuch eines Events die Lösung ist, dass ein Coach den Knoten platzen lässt. Sie suchen im Außen statt im Innen. Sie verstehen nicht, dass Coaches nicht das Glück herbeizaubern, dass es sich nicht kaufen lässt, sondern dass es im Außen bloß Anstöße gibt, um selbst Verantwortung für das eigene Lebensglück zu übernehmen. Die innere Arbeit übernimmst du selbst.

Purpose Chaser jagen einem Fremdbild hinterher, das nicht ihnen entspricht. Fliegen nach Bali, weil man das so macht, machen Yoga, weil man das so macht, aber vergessen bei all diesen Dingen, sich selbst zu fragen, wie es ihnen dabei eigentlich geht.

Auch Sabbaticals werden oft so «genutzt». Menschen fliehen eine Zeitlang vor ihrem Alltag, ohne Vor- oder Nachbereitung. Durch extrem harte Arbeit, die oft bis zum Abreisetag anhält, habe man sich diese Auszeit «verdient». Und nach der Rückkehr aus der anderen Welt, in die man für einige Monate entflohen ist, erscheint der Alltag nur umso trister.

Alles, was passiert, passiert im Außen. Dabei wäre eine Reise nach innen eigentlich viel wichtiger. Eine Reise, bei der man Prioritäten ordnet, aber eben nicht in einem exotischen Land, in dem sowieso alles anders ist, sondern mitten im Alltag.

Es macht mich traurig, dass so viele Menschen glauben, mehr Lebensqualität sei ein Fantasiegespinst. Versteht mich nicht falsch, das allumfassende Glück gibt es nicht, das weiß ich. Wir zahlen für alles einen Preis, emotional, psychisch, körperlich, finanziell.

Ich glaube aber, dass wir unterm Strich - ganz unternehmerisch gesprochen - Bilanz ziehen und mehr Glücksmomente als Sorgen haben können. Dass wir nicht 48 Wochen im Jahr unglücklich sein müssen, um vier Wochen im Jahr verreisen und dort glücklich sein zu können. Da stimmt die Balance nicht. Und diese Disbalance entsteht nur allzu oft, weil wir im Außen suchen. Weil wir Treatments buchen und Sabbaticals beantragen in der Hoffnung, dass sich dann alles ändert. Aber das tut es nicht.

Versteh mich nicht falsch: Ich verteufle nicht alles, was man so tun, buchen oder ausprobieren kann, um glücklicher zu sein. Ich liebe beispielsweise Meditation und bin davon überzeugt, dass diese Praxis mein Leben verändert hat. Und ich laufe, wann immer es geht, weil ich dabei ein unvergleichliches Gefühl von Frieden und Freiheit spüre.

Aber es kann sein, dass es bei dir nicht funktioniert. Weil deine Vorgeschichte eine andere ist, weil dein Leben anders aussieht, weil du einen anderen Körper hast, weil du, kurz gesagt, ein anderer Mensch bist. Es gibt nie die eine Lösung für alle. Es gibt keine Geheimformel. Wer das behauptet, will einfach nur viel Geld verdienen. Du darfst und solltest Dinge ausprobieren, ja - aber wenn du immer nur im Außen suchst, kommst du nie an. Wenn du denkst, dass du etwas falsch machst, weil gewisse Ideen und Methoden bei dir nicht fruchten und nichts auslösen, dann gerätst du in Stress. Dabei ist es nur die falsche Methode für dich (die bei einer anderen Person möglicherweise bewusstseinsverändernd wirkt).

Wenn du immer verzweifelter suchst, entsteht Druck. Und durch diesen Druck, den du dir selbst machst, steht die ganze Zeit ein Säbelzahntiger neben dir. Zumindest ist das der Eindruck deines Gehirns. Du schüttest das Stresshormon Cortisol aus, dein Körper wird in Alarmbereitschaft versetzt. Der Blutdruck steigt, deine Atmung wird schneller. Diverse Hormone, Botenstoffe und Eiweiße sorgen dafür, dass alles in Aufruhr ist und du bereit für Kampf oder Flucht bist.[59] Obwohl da gar kein Säbelzahntiger steht, sondern du dir nur selbst einredest, dass du untergehst, wenn du das mit der Selbstfindung nicht auf die Reihe kriegst. Auch wenn es dir nicht immer bewusst ist: In deinem Kopf drehen sich Sätze wie: «Oh Gott, wenn ich meinen Purpose nicht finde, bin ich nichts wert. Ich werde keine Erfüllung finden, wenn ich dieses Seminar nicht besuche.»

Es gibt so viele Lügen und Mythen in diesem Bereich, die dazu führen, dass Menschen viel ausprobieren und investieren und darüber vergessen, sich zu fragen, wie es ihnen geht. Nicht wie es ihnen gehen *soll*, sondern wie es wirklich in ihnen aussieht. Ich empfehle dir deshalb vor allem: Höre auf dein Herz. Meditiere, wenn du spürst, dass es dir guttut. Gehe laufen, wenn du dabei abschalten kannst. Arbeite drei Monate und mach dann einen Monat frei, wenn du merkst, dass dieser Rhythmus für dich funktioniert. Mach dich selbstständig, wenn es deiner Persönlichkeit entspricht, und tu es nicht, wenn du klare Strukturen brauchst, um zufrieden zu sein. Manchmal hat man den Eindruck, dass nur Yogis auf Bali glücklich sein können, ohne Nine-to-five-Job, ohne Verpflichtungen. Doch das stimmt nicht. Du kannst auch in einem normalen Job, in festen Strukturen und mit vermeintlich «spießigen» Lebensumständen sehr, sehr glücklich sein. Glaube nicht allen Trends und Idealbildern. Kreiere deine eigenen.

Ich philosophiere hier nun wieder neunmalklug vor mich hin - dabei war ich selbst bis vor wenigen Jahren noch ständig am Rennen. Bis zu meinem ersten Zusammenbruch bin ich vor mir selbst weggerannt. Habe versucht, meinen Schatten zu ignorieren und allen zu beweisen, wie großartig ich bin. Dann, nach dem ersten Burn-out, dachte ich zwar, dass ich schlauer geworden war, doch im Endeffekt habe ich genauso weitergemacht. Rennen, rennen, rennen. Zwar optimierter als vorher, aber nicht weniger hektisch. Bis zum zweiten Zusammenbruch. Und dann? Dann bin ich zwar nicht mehr vor mir selbst weggerannt, aber ich bin auf etwas zugerannt. Ich wollte nun unbedingt alles sehen, alles annehmen, alles herausfinden. Ich war selbst so eine Art Purpose Chaser. Das Problem dabei: Ich rannte immer noch. Ich bin nie stehen geblieben. Kein Wunder, dass mir alles wehtat.

Tatsächlich habe ich bis 2022 gebraucht, um tief in mir drin so richtig zu kapieren, dass es okay ist, stehen zu bleiben. Dass ich keinem Idealbild entsprechen muss, auch nicht dem Selbstfindungs-Idealbild, sondern ganz und gar ich sein darf. Ich bin. Punkt. Und dieses Ich ist keine fixe Konstante, sondern ein dynamischer Prozess.

Du wirst nie bei dir ankommen – und das ist gut so

Bei den Purpose Chasern habe ich oft den Eindruck, dass sie eine Art To-do-Liste mit diversen Workshops und Seminaren haben, die sie abhaken, und glauben, anschließend im Glück anzukommen.

Wenn-dann-Ideale gehören zu den größten Lügen der Selbstoptimierungsszene. Aussagen wie «Wenn ich erst mal fünf Kilo abnehme ...», «Wenn ich mich selbst gefunden habe ...» oder «Wenn du diese drei Dinge jeden Morgen tust ...» sind in den allermeisten Fällen Unsinn.

Denn, es tut mir leid, dir das sagen zu müssen, aber so ist es: Du wirst nie fertig sein. Du wirst immer wieder an Grenzen stoßen, hinfallen, dich aufrappeln müssen, dazulernen und neue Perspektiven einnehmen. Du wirst zurückblicken und denken: Was war denn da los? War ich bescheuert? Was habe ich mir bloß dabei gedacht? Und dann hoffentlich nach vorn schauen in dem Wissen, es jederzeit besser machen zu können. Jeden Morgen bekommst du eine neue Chance. Es ist ein großartiges Gefühl, wenn wir lernen, die Freude an unserer Entwicklung wiederzuentdecken.

Diese Freude kann auch als «dynamisches Selbstbild» beschrieben werden. Das Konzept des statischen und des dynamischen Selbstbildes habe ich bei Carol Dweck kennengelernt und halte es für eine der wichtigsten Grundlagen für unser gesamtes Leben.[60]

Dweck erklärt, dass Menschen mit einem statischen Selbstbild glauben, dass ihre Fähigkeiten in Stein gemeißelt seien, und immer wieder dazu neigen, sich beweisen zu wollen. Die Freude am Leben und Lernen geht dabei schnell kaputt. Schulkinder müssen beispielsweise beweisen, dass sie intelligent sind, und gute Noten abliefern – statt sich daran zu erfreuen, dazuzulernen.

Das dynamische Selbstbild hingegen basiert auf der Grundannahme, dass wir unsere Eigenschaften weiterentwickeln können, dass Einsatz und Erfahrung entscheidend dafür sind, wohin es geht. Ein dynamisches Selbstbild geht davon aus, dass das Potenzial eines Menschen nicht sofort erkennbar ist, sondern sich in viele Richtungen entwickeln kann.

«Wieso sollen wir uns dauernd beweisen, wie großartig wir sind, wenn wir noch besser werden können? Warum sollen wir unsere Schwächen verbergen, wenn wir sie überwinden können?»[61]

Wir sind nicht fertig und müssen nicht allen zeigen, wie famos wir die Bälle unseres Lebens jonglieren. Im Gegenteil. Egal, was du tust – vielleicht siehst du es in fünf Jahren völlig anders.

Auch dieses Buch bildet meinen aktuellen Wissensstand und mein jetziges Empfinden ab, aber ich bin mir sicher, dass ich in fünf bis zehn Jahren einige Anpassungen vornehmen wollen würde. Doch es wird keine Reue sein, sondern das Bewusstsein, dass dieses Buch genau das ist, was ich in diesem Moment, in dem ich es schreibe, geben kann.

Wir sind keine Statuen, die auf ewig an einer Stelle stehen. Wir verändern uns immer und immer wieder: optisch, emotional, beruflich. Niederlagen und Lernkurven gehören genauso dazu wie Erfolge und Auszeiten. Unsere Perspektiven und Haltungen verändern sich mit den Umständen des Lebens.

Auch der Blick auf zwischenmenschliche Beziehungen wird ein anderer, wenn du das dynamische Selbstbild verinnerlicht hast. Neulich wurde mir bewusst, dass wir auch den Menschen um uns herum jeden Tag neu begegnen können.

Mein Mann Jake und ich leben zusammen und sehen uns fast den ganzen Tag. Man könnte also davon ausgehen, dass wir uns sehr gut kennen und nicht mehr allzu oft überraschen. Doch da ich mehr Schlaf brauche als er - weil ich Cinderella bin -, ist Jake abends ein bis zwei Stunden länger wach, in denen er Filme schaut, auf YouTube Tutorials ansieht oder ein Buch liest. Dadurch lernt er in dieser Zeit etwas dazu. Ich stehe meist etwas früher auf als er und höre morgens schon einen Podcast. In der Zeit zwischen dem Gutenachtkuss und dem Gutenmorgenkuss haben wir uns demnach beide bereits weitergebildet und vielleicht eine neue Perspektive eingenommen. Ist das nicht großartig? Und das bei dem Menschen, den ich sowieso ständig sehe! Wenn wir eine Freundin oder einen Freund nach mehreren Wochen wiedersehen, ist in dieser Zeit so viel passiert, dass wir immer wieder voneinander lernen und uns immer wieder neu begegnen können.

Du wirst nach zehn Jahren Ehe nicht die gleiche Beziehung führen wie zehn Tage nach dem Kennenlernen. Freundschaften verändern sich. Menschen, die du vor fünf Jahren kaum wahrgenommen hast, können zu inspirierenden Persönlichkeiten herangereift sein. Wenn du diese Offenheit für Entwicklungen mitbringst, kannst du Menschen immer wieder neu begegnen und dein Schubladendenken Stück für Stück ablegen. Vergiss nie, neugierig zu bleiben. Du wirst dich wundern, was für großartige Erlebnisse du dadurch hast.

Souveränität statt Perfektion

Seit ich dieses dynamische Selbstbild verinnerlicht habe, hat sich in mir viel verändert. Ich bin Stück für Stück davon abgerückt, perfekt sein zu wollen. Natürlich gebe ich mir stets Mühe, ein guter Mensch zu sein und mein Bestes zu geben, aber ich verurteile mich nicht mehr dafür, wenn ich nicht immer den Erwartungen anderer und mir selbst entspreche. Das Ziel ist nicht, alles richtig zu machen und Fehler zu vermeiden, sondern mit allem, was kommt, einen souveränen Umgang zu finden.

Souveränität ist für mich der neue Heilige Gral. Früher wollte ich «normal» sein und stets ein bisschen besser als andere, heute strebe ich nach Souveränität.

Denn es geht nicht darum, dass du deine inneren Kritiker, die ollen Zaubertrolle, ausrottest. Sie sollen aber auch nicht deine besten Freunde werden. Du musst einen Weg finden, mit ihnen umzugehen. Du solltest wissen, wie du selbstbewusst und klar mit ihnen sprichst, wann du ihnen zuhörst und wann du sie in ihre Schranken weist.

Frage dich: *Was bedeutet Souveränität für mich?*

Für mich ist es das Gefühl von Gelassenheit in jeder Situation. Niederlagen möchte ich beiseitelegen und abhaken können, möchte gut schlafen, weil ich weiß, dass ich nicht die Niederlage *bin*, sondern sie nur erlebt habe. Das bedeutet übrigens nicht, dass ich nichts verändern werde. Sich Fehler einzugestehen und beim nächsten Mal anders zu handeln, gehört zur Entwicklung dazu. Doch dieser Prozess muss nicht beinhalten, sich selbst kleinzureden und in selbstsabotierendes Verhalten zu verfallen. Ich rede mir nicht mehr ein, was für eine Versagerin ich bin. Im Gegenteil, ich finde mich ziemlich cool, wenn ich meine Fehler erkenne, analysiere und Konsequenzen ziehe – ganz ruhig, ohne Panik, ohne Stress und ohne an meinem Selbstwert zu zweifeln.

In der Serie *Sex and the City* gibt es eine Szene, in der Sarah Jessica Parker alias Carrie Bradshaw als Model auf dem Laufsteg der Fashion Week mitlaufen darf und dabei stürzt. Die Koordinatorin der Show flucht und schickt Heidi Klum los, die lässig über Carrie hinwegsteigt.

Carrie liegt in dieser unendlich beschämenden Position da, wird fotografiert, und wir hören ihre Stimme aus dem Off:

«*I had a choice. I could slink off the runway and let my inner model die of shame. Or I could pick myself up, flaws and all, and finish. And that's just what I did. Because when real people fall down in life, they get right back up and keep on walking.*»[62]

Sie stand auf. Sie atmete durch, strich sich durch die Haare und ging weiter. Nicht klein und verlegen, sondern selbstbewusst und frei – ein breites Grinsen brachte ihr Gesicht zum Strahlen. Sie klatschte lässig mit Heidi Klum ab und gönnte sich noch eine kleine Extrapose am Ende des Laufstegs. Wennschon, dennschon. Ihre Freundinnen jubelten, die strenge Koordinatorin schüttelte den Kopf und konnte sich ein Lächeln nicht verkneifen. Carrie war zwar gefallen, doch sie war vor allem wieder aufgestanden. *Das* ist Souveränität für mich.

Mir ist wichtig zu sagen, dass Souveränität *nicht* bedeutet, gelassen fehlerhaft zu bleiben. Sich verändern und verbessern zu wollen ist wichtig.

Wenn man sich mit dem Thema Persönlichkeitsentwicklung beschäftigt, stößt man immer wieder auf den Gedanken, dass man sich selbst so annehmen soll, wie man ist. Mit allem, was dazugehört. Und auch ich dachte lange, dies sei mein Ziel.

Früher sah ich meine Schwächen, mochte sie nicht und setzte alles daran, mich zu verändern und zu optimieren. Dann, als dieser Weg ins Burn-out geführt hat, versuchte ich genau das Gegenteil: Ich wollte «the Good, the Bad and the Ugly» sehen, verstehen und für mich annehmen, mich selbst lieben lernen, mit all meinen Fehlern.

Tatsächlich entspricht aber auch dieser Weg nicht dem dynamischen Selbstbild. Denn hier fehlt die Dynamik. Beim «Annehmen aller Schwächen» gehen wir davon aus, dass diese Schwächen unveränderlich sind – ein klassisch statisches Selbstbild. Doch das ist nicht der Fall. Du kannst dich selbst wertschätzen und lieben und *gleichzeitig* an dir arbeiten und versuchen, besser zu werden. Es geht beides: die unschönen Anteile sehen, annehmen, akzeptieren und trotzdem Dinge anders machen. Genau hier liegt der «sweet spot», an dem Transformation gelingt.

Es ist ein Umdenken im Kopf. Kein «Oh Gott, ich bin so dumm und habe alles falsch gemacht», sondern ein «Okay, das lief schief, aber jetzt habe ich die Chance, es beim nächsten Mal sehr viel besser zu machen».

Es ist der Blick nach vorn statt nach hinten. Es geht immer weiter. Jeder Tag ist ein Geschenk. Dieses Bewusstsein ist magisch.

Ich bin auch noch lange nicht so souverän, wie ich es gern wäre. Wenn ich nach einem Vortrag ein schlechtes Feedback bekomme, habe ich auch daran zu knabbern. Doch in diesen Situationen gibt es drei Schritte, die mich aus dem Sorgenkarussell herausholen und die vielleicht auch dir helfen:

1. Der Blick nach innen

Woher kommt dieses blöde Gefühl wirklich? Werden frühere Erlebnisse, Muster und Prägungen durch die aktuelle Situation in mir getriggert, die meine Gefühle gerade so intensiv werden lassen? Wenn ich verstehe, dass mich nicht nur das eine schlechte Feedback verunsichert, sondern damit auch all die schlechten Noten und miesen Bewertungen der Lehrkräfte aus meiner Schulzeit wieder hochkommen, kann ich besser einordnen, wieso sich diese Kleinigkeit gerade so groß anfühlt. Weil ich in dem Moment wieder 13 bin und denke: Ich bin falsch.

2. Realismus und Akzeptanz

Wenn ich nun weiß, wieso mich dieses eine Feedback von diesem einen Menschen (der vielleicht selbst einen schlechten Tag hatte) so sehr trifft, habe ich bereits Distanz gewonnen. Ich weiß, dass ich nicht der unfähigste Mensch der Welt bin, nur weil eine Person meinen Vortrag nicht mochte. Ich versuche, mit mir selbst wie mit einer Freundin zu sprechen. Also: *Ist das wirklich so schlimm? Du findest auch nicht jeden Vortrag gut, selbst wenn viele Menschen begeistert sind – es ist doch normal, dass auch du mit deiner Art nicht allen gefällst. Du bist trotzdem ein liebenswerter Mensch und leistest fantastische Arbeit. Schau, was du alles schon geschafft hast! Und selbst wenn dieser Vortrag wirklich nicht so toll war, so what? Das passiert uns allen mal.*

3. Konsequenzen und Optimismus

Ich habe also verstanden, woher die Gewalt der Emotionen kommt und dass dieses eine Erlebnis kein Grund ist, an meiner gesamten Arbeit oder Persönlichkeit zu zweifeln. Ich habe akzeptiert, dass auch ich fehlerhaft bin, aber mich immer noch selbst lieben darf. Und nun kann ich überlegen, was ich beim nächsten Mal besser machen will. Hatte der Kritiker vielleicht in manchen Punkten recht? Dann darf ich ihm dankbar sein, denn so werden meine Vorträge zukünftig noch besser. Ich kann mich entwickeln und freue mich, dass ich wieder etwas dazugelernt habe.

Dieser letzte Schritt ist für mich entscheidend, denn er verändert meine innere Haltung. Früher dachte ich, dass ich meine Zukunft zwar visualisieren kann, aber es im Endeffekt nicht in meiner Hand liegt, ob alles funktioniert. Aber das stimmt nicht. Ich kann in jeder Sekunde meines Lebens mein eigenes Denken und Handeln beeinflussen.

Raus aus dem Sorgenkarussell

Mir hat der «Circle of Influence» von Dr. Stephen R. Covey sehr dabei geholfen zu verstehen, wie viel Entscheidungsmacht ich in meinem Leben habe.[63] Sein Modell geht von einem großen Kreis aus:

Ganz außen ist der «Circle of Concern», also der Bereich, der uns Sorgen macht, weil sich hier die Themen befinden, die wir weder beeinflussen noch entscheiden können. Das ist so etwas wie das Wetter, eine Pandemie, die unser aller Leben auf den Kopf stellt, Krankheiten, Regierungsentscheidungen und so weiter. Also die Dinge, denen wir ausgeliefert sind. Viele von uns stecken sehr tief in diesem Sorgenbereich drin.

Weiter innen liegt der Bereich mit den Themen, die wir zwar beeinflussen, aber nicht entscheiden können. So können wir unseren Kindern zwar gut zureden, dass sie keine

Drogen nehmen sollen, aber schlussendlich treffen sie selbst die Entscheidung. Wenn du ein Unternehmen leitest, kannst du dein Produkt optimieren und bewerben, aber deine Kundschaft entscheidet, ob sie es kauft. Du kannst deine Freundinnen um Hilfe beim Umzug bitten, aber es liegt in ihrer Hand, ob sie es tun.

Ganz innen in dem Kreis liegt der «Circle of Influence». Hier befinden sich die Themen, auf die du Einfluss hast und die du entscheiden kannst. Das sind deine Handlungen, deine Gedanken und dein Mindset. Darüber hast du die Macht.

Mir hilft dieses Modell sehr dabei, meine Gedanken aus dem Bereich der Sorgen herauszuholen und immer wieder zu überlegen, was ich aktiv beeinflussen und entscheiden kann, um etwas zu verändern. Statt dir ständig im äußeren Kreis Sorgen zu machen, kannst du dich nach innen bewegen und dich fragen: *Was kann ich jetzt tun?*

Zudem sorgt das Modell dafür, dass wir manche Gedanken ruhen lassen können. Es ist sinnlos, Energie, Zeit und Kapazitäten für Sorgen zu verschwenden, auf die wir gerade sowieso keinen Einfluss haben. Es ist nicht alles deine Schuld. Manchmal geben wir alles, und es klappt trotzdem nicht.

Wir sollten uns immer wieder auf den Kern dieses Kreises besinnen. Denn dieses Gefühl der Selbstwirksamkeit, das durch den «Circle of Influence» entsteht, wirkt sich unglaublich positiv auf die Seele aus. Es ist großartig, wenn du es schaffst, aus dem Sorgenkarussell auszusteigen und etwas anzupacken, statt dich dem Schicksal auszuliefern. Denn manchmal haben wir dann doch viel mehr in der Hand, als wir denken.

4.
Bis hierhin und nicht weiter: Wieso du Grenzen brauchst, um dich zu verbinden

Äußere Grenzen: Alles ist möglich – oder nicht?

Der «Circle of Influence» ist ein gutes Modell, um zu verstehen, bis wohin wir als Menschen Einfluss haben und an welchen Stellen wir Grenzen aufgezeigt bekommen.

Eine Pandemie, ein Unwetter, eine Behinderung, eine schwere Krankheit - all diese Dinge liegen außerhalb unseres Einflussbereichs und sorgen dafür, dass wir begrenzt werden. Wir haben nicht alles in der Hand. Wenn dein Partner morgen einen schweren Autounfall hat, wird sich dein Leben ändern. Wenn du übermorgen eine Krebsdiagnose bekommst, ebenfalls. Wenn die nächste Pandemie kommt, werden wir uns vielleicht wieder isolieren müssen. Das alles kann passieren. Ich wünsche dir, mir und uns allen von Herzen, dass es nicht dazu kommt, aber, nun ja: shit happens. Dies sind Grenzen, die wir annehmen müssen, ob wir wollen oder nicht. Und da ist noch die eine, große Grenze, die wir gern mal verdrängen: der Tod.

«Die Grundlage des Glücks ist zu akzeptieren, dass wir alle sterben werden», sagte die Coachin und Autorin Sabine Asgodom in einem Podcast.[64] Das klingt dramatisch und, zugegeben, auch ein bisschen pathetisch, aber ich glaube, es steckt sehr viel Wahrheit in diesem Gedanken. Denn durch das Bewusstsein unserer Endlichkeit können wir es schaffen, Dankbarkeit und Demut dem Leben gegenüber zu empfinden. Können jeden Tag wertschätzen. Wem das zu sehr nach Kalenderspruch klingt, hält sich an Sabine Asgodom - sie zitiert den Satz aus dem Märchen der Bremer Stadtmusikanten, wo es heißt: «Etwas Besseres als den Tod findest du überall.»[65]

Ich glaube, dass Grenzerfahrungen zwar in der akuten Situation anstrengend, hart und kräftezehrend sind (und all diese Schmerzen dürfen da sein), aber rückblickend heilsam sein können. Feel it to heal it.

Negative Erfahrungen zeigen uns, dass das Leben nie zu hundert Prozent planbar ist und dass das Glück nicht jeden Tag an der Tür steht und fröhlich klingelt. Wir können nicht in jedem Moment unseres Lebens «sparklen». Diese Einstellung stört mich in der aktuellen Selbstoptimierungsszene immer wieder: Die Annahme, dass du etwas finden musst, was dich rund um die Uhr zum Leuchten bringt. Das ist Bullshit. Du kannst deinen Purpose gefunden haben, kannst daran arbeiten, ein Leben zu führen, das dir entspricht, doch wir werden immer Dinge tun müssen, die uns nicht leuchten lassen. Ich liebe meinen Job, doch es gibt einiges, was nicht zu meinen Lieblingsaufgaben gehört. Den Kunden hinterherlaufen, bei sinkendem Kontostand gelassen bleiben und diese nervtötende Buchhaltung - darauf könnte ich gut verzichten.

Wer geht gern zum Amt, um neue Ausweise zu beantragen? Wer bringt gern den Müll raus? Nicht alles im Leben lässt dich funkeln. Trotzdem gehören diese Dinge dazu.

«There is no such thing as a free lunch», sagte mein VWL-

Professor immer, der dieses Zitat von dem Science-Fiction-Autor Robert A. Heinlein übernommen hat. Alles hat seinen Preis. Es ist nie perfekt. Doch wenn wir am Ende eine positive Bilanz ziehen können, ist das schon ziemlich viel wert.

Wenn du nach einem beschissenen Tag voller Papierkram und einem fiesen Streit mit deinem Partner allerdings hörst, dass du mit *dem richtigen Mindset* jeden Tag glücklich sein könntest, denkst du vielleicht, dass du etwas falsch machst. Doch das stimmt nicht. Niemand ist 24/7 glücklich. Wer das behauptet, tappt in die Falle der toxischen Positivität. Denn wenn wir immer lächeln, egal was ist, haben belastende Gefühle keinen Platz mehr.

Wir haben schon gelernt, dass sie nicht verdrängt werden sollten. Erst durch die anstrengenden Zeiten können wir die guten wirklich wahrnehmen. Wenn wir alles Unangenehme ständig wegdrücken, verhält es sich wie bei einem Ball, den du unter Wasser drückst: Es ist verdammt anstrengend, ihn die ganze Zeit unter der Oberfläche zu halten, und wenn du kurz unaufmerksam bist, schießt er mit umso mehr Kraft nach oben. Es gibt kein grenzenloses Glück.

Mein Ansatz ist daher der optimistische Realismus. Ich glaube fest daran, dass sich gewisse Dinge fügen, wenn wir sie wirklich wollen, und dass Optimismus die Welt und uns selbst positiv beeinflusst. Dennoch weiß ich, dass wir zwar unser Denken und Handeln beeinflussen können - mehr aber auch nicht. Unser «Circle of Influence» hat Grenzen. Weder wirst du mich jemals jammernd und klagend in der Opferrolle sehen noch als naiv und blauäugig erleben. Ich spiele Worst-Case-Szenarios durch, und dennoch kann ich optimistisch bleiben.

Für mich entspricht diese Einstellung meinem Erwachsenen-Ich. Petra Bock hat das Coaching-Dreieck definiert, in dem sich das Kind-Ich, das Eltern-Ich und das Erwachsenen-Ich befinden.[66] In jeder Situation, mit der wir konfrontiert werden, müssen wir reagieren. Und oft geraten wir dabei in unser Kind-Ich oder unser Eltern-Ich.

Das Kind-Ich kennt drei Zustände:
1. Das hilflose, überforderte Kind, das keine Verantwortung trägt und nach Mama und Papa schreit.
2. Das gehorsame, brave Kind, das sich kleinmacht und funktioniert, um niemandem auf die Nerven zu gehen.
3. Das trotzige, freche Kind, das aufstampft, herumschreit und Konflikte eskalieren lässt.

Das Eltern-Ich kann auf zwei Arten reagieren:
1. Die strafenden, belehrenden Eltern, die von oben herab sprechen und Schuldgefühle verursachen.
2. Die überbehütenden, pampernden Eltern, die alles durchgehen lassen und keine Grenzen ziehen.

Das Erwachsenen-Ich hingegen ist sehr viel rationaler. Es bleibt in einer klaren Haltung und ganz bei sich. Es spricht weder aufschauend noch herablassend – es kreiert eine gesunde Augenhöhe. Es weiß, dass es viele Dinge selbst in der Hand hat, aber eben nicht alles.

Grenzen von außen kommen manchmal genau im richtigen Moment, um uns auf den Boden der Tatsachen zurückzuholen. Anstrengende Zeiten lehren uns Dankbarkeit den schönen Dingen gegenüber und bringen uns unweigerlich dazu zu überlegen, wo unsere Prioritäten im Leben liegen. Manchmal waschen sie uns den Kopf, der vielleicht in den Wolken steckt.

Ich habe beispielsweise lange Zeit hinsichtlich meines Alkoholkonsums keine Grenzen gekannt. Trinken gehörte dazu - bei jeder Party, zu jeder Gelegenheit. Ich habe zwar nie allein getrunken und hatte auch kein Problem damit, wenn ich tagelang oder in der Marathonvorbereitung nichts trank, doch wenn eine Feierlichkeit anstand, war ich maßlos. Schon als junge Frau fand ich es völlig normal, viel zu trinken. Wenn wir in einen Klub gingen, und es war noch eine Stunde Happy Hour, dann bestellten wir uns in dieser Stunde fünf Wodka Red Bull. Alle taten das.

So ticken Menschen: Wir kreieren anhand unseres Umfelds eine Definition der Normalität und Realität. Unser Gehirn nutzt Sinneseindrücke als Input, um Konzepte zu erstellen, die wir dann als Realität wahrnehmen.[67] Manchmal werden diese Konzepte durchbrochen, indem unser Handeln, das wir als normal empfinden, hinterfragt wird.

So war es auch bei mir. Nach einer Partynacht im Dezember 2022 mit einer guten Freundin sagte sie am nächsten Tag: «Krass, wie viel Wein du trinken kannst. In dem einen Moment dachte ich, du bist komplett durch, und dann bist du plötzlich wieder richtig gut drauf.»

Ich wusste nicht, wovon sie redete. Filmriss. Nicht zum ersten Mal. Und ich kam langsam ins Grübeln, ob das wirklich so normal war. Mein Körper zeigt mir eine Grenze auf.

Lange Zeit hatte ich es abgetan, wenn mich Menschen auf meinen Alkoholkonsum ansprachen. Meine Mutter hatte mich 2016 nach der Abschlussfeier meines MBAs zur Seite genommen und gesagt: «Lina, ich war erschrocken, wie viel du getrunken hast. Du hast die Kontrolle über dich verloren.»

Ich hatte abgewunken und gedacht: *Typisch. Mütter müssen so etwas ja sagen, die machen sich ständig Sorgen.*

Es hat sechs Jahre und viele verkaterte Vormittage gebraucht, bis ich selbst begonnen habe, mich zu hinterfragen. Als ich mich in Coachings und Therapien immer stärker mit mir selbst beschäftigte, kam ich an der schmerzhaften Feststellung nicht vorbei: Ich trank aus den falschen Gründen. Es ging mir beim Trinken nicht um den Genuss, sondern darum, mutiger zu sein und dazuzugehören. Ob Wine-Tasting, Anstoßen auf Erfolge oder Partys: Das Trinken sorgt in unserer Gesellschaft leider häufig für Zugehörigkeit und Geselligkeit. Wenn ich trank, wurde ich zur Cheerleaderin der Menschen um mich herum und erzählte ihnen, wie großartig sie seien. Ich wurde mutiger und gab allen ein gutes Gefühl – außer mir selbst. Denn kein einziges Mal hatte der Rausch positive Auswirkungen auf mein Leben. Je älter ich wurde, desto schlimmer wurde der Morgen danach.

2019 kam Jake in mein Leben. Auch wenn er gebürtiger Pole ist und damit dem Klischee widerspricht, trank er nur sehr selten. Wenn, dann nur richtig guten Wodka oder einen exzellenten Negroni. Es war neu für mich, dass wir zu Hause keinen Alkohol hatten. Ich kam aus einer Welt, in der man immer wieder einen Grund fand anzustoßen. In der Messe- und Eventszene, in der ich arbeitete, wurde viel gefeiert, und auch für meinen Ex-Freund, der Berater war, hatte das Trinken einfach dazugehört. Zudem bestätigten Serien wie *Sex and the City*, dass ein guter Drink das Leben besser und glamouröser machte.

Nun trank ich plötzlich fast gar nichts mehr, wenn Jake und ich zu zweit zusammen waren. Ich ließ allerdings in den ersten Monaten unserer Beziehung keine Gelegenheit aus, auf Festen und Partys Drinks zu bestellen. Als Jake und ich zwei Monate zusammen waren, gingen wir auf ein Oktoberfest in Düsseldorf. Ich feierte so, wie ich eben immer feierte: maßlos. Ich verlor mal wieder die Kontrolle. Am nächsten Morgen saß Jake mit Tränen in den Augen an der Bettkante und schaute in mein zerknautschtes Gesicht.

«Die Frau, die ich gestern erlebt habe, ist nicht die Frau, in die ich mich verliebt habe», sagte er. Ich musste schlucken. Er brachte mein Konzept ins Wanken und zeigte mir Grenzen auf.

Ich nahm mir Jakes Kritik zu Herzen und begann, meinen Konsum zu hinterfragen. Es war schmerzhaft, durch diese Phase hindurchzugehen, hinzuschauen und festzustellen: Meine Beziehung zum Alkohol ist toxisch. Ich kenne keine Grenzen, wenn ich trinke. Und ich trinke aus den falschen Gründen.

Es war weniger der körperliche Kater, der mich fertigmachte. Erschreckenderweise hatte ich in dieser Hinsicht meine Routinen entwickelt, schnell wieder auf die Beine zu kommen. Es war vielmehr der emotionale Kater, der wirklich schmerzte. Dieses Gefühl, nicht genau zu wissen, was gestern Abend passiert ist. Beim Feiern trank ich, um das Gefühl zu betäuben, nicht dazuzugehören - und am nächsten Morgen fühlte ich mich einsamer und beschämter denn je. Es war eine toxische Beziehung zum Trinken, die nichts mit Genuss zu tun hatte.

Dieser Prozess der Einsicht war hart, weil mein Gehirn ein jahrelang erlerntes und tief verankertes Konzept hinterfragen musste. Ich musste mir meine Unzulänglichkeit eingestehen und einen neuen Weg finden.

Nicht zu trinken bedeutet nicht, ausgeschlossen zu sein. Das habe ich lange Zeit nicht verstanden, und bis heute muss ich mich manchmal daran erinnern.

2023 entschied ich, ein Jahr lang keinen Alkohol zu trinken. Anfangs war die Umstellung etwas ungewohnt, doch je länger ich mich an alkoholfreien Mocktails erfreute und jeden Morgen ohne Kater aufwachte, desto größer wurde der Gedanke: Das ist ja geil. Ich feierte trotzdem, war aber viel klarer im Kopf und konnte den nächsten Tag auch noch genießen.

Der Sommer 2023 war in dieser Hinsicht eine unglaublich bereichernde Zeit. Interessanterweise fiel es mir überhaupt nicht schwer, keinen Alkohol mehr zu trinken. Es hatte durch meine Marathonvorbereitungen immer wieder Zeiten gegeben, in denen ich nicht trank - doch dann hieß es bei Anlässen immer: *Ach Lina, mach doch eine Ausnahme. Nur ein Gläschen!*

Mit der konsequenten Aussage, dass ich keinen Alkohol mehr trinke, gab es diese «Ach komm»-Bitten nicht mehr. Meine Entscheidung wurde akzeptiert. Punkt. Und ich war überrascht, wie meine Konsequenz nach innen auch nach außen funktionierte.

Einen besonderen Moment erlebte ich auf einer Hochzeit in diesem ersten nüchternen Sommer. Ich kannte niemanden außer der Braut auf dieser Feier. Es kam der Moment, in dem ich unsicher lächelnd allein am Rand der Tanzfläche stand. Genau der Moment, in dem meine inneren Zaubertrolle wach wurden und mir erzählten, dass ich nicht dazugehörte, dass alle in Grüppchen standen und sich kannten, nur ich nicht. *Die denken alle, du bist komisch*, sagte ein Zaubertroll. *Peinlich, wie du hier so allein rumstehst.*

Genau in diesem Moment hätte ich mir normalerweise einen Drink besorgt. Hätte diese Stimme ertränkt und mich mutig und gleichgültig getrunken. Doch dieses Mal war es anders. Ich nahm Abstand von den Stimmen und antwortete nach innen: Mein Lieber, ich weiß ja nicht, welchen Film du gerade schaust, aber mir geht es gut. Ich stehe auf einer wunderschönen Hochzeit, habe ein umwerfendes Kleid an und bin ganz bei mir. Was die anderen denken, geht mir an meinem hübsch verpackten Hinterteil vorbei. Denn ich lebe gerade – um es mit Brené Brown zu sagen – aus vollem Herzen.

In diesem Moment habe ich etwas losgelassen, einen Teil von mir, der mir immer einreden wollte, dass ich mich nur mit Alkohol inkludieren könne. Doch das Gegenteil davon war der Fall. Dieser Teil sabotierte meine Persönlichkeit, machte mich klein und exkludierte mich. Ich spüre immer noch ein tiefes Gefühl der Rührung, wenn ich an diese Erkenntnis denke – und ich bin stolz, dass ich es geschafft habe, diesen neuen Weg zu gehen.

Ich fragte mich nach einigen Monaten: Wieso nur ein Jahr nüchtern bleiben? Ich will nie wieder Alkohol trinken. Die alkoholisierte Lina tanzt zwar nicht nackt auf den Tischen, dennoch mag ich sie nicht besonders. Alkohol aktiviert den Over-the-Top-Modus in mir, den ich hinter mir lassen möchte. Schluss damit.

Der Alkohol und ich haben uns getrennt. Ich habe eine Grenze aufgezeigt bekommen – und dann habe ich sie ganz bewusst noch enger gesetzt. Diese Selbstermächtigung fühlt sich gut an. Wir können mit Grenzen Freude erleben. Sogar mehr als in einer Welt der Maß- und Grenzenlosigkeit. Nicht alles ist möglich. Aber es ist mit allem möglich, Glück zu empfinden. Und, hey: Nach einer guten Party katerfrei und ausgeschlafen aufzuwachen ist einfach grandios.

Innere Grenzen: Du kannst mehr, als du denkst

Manchmal haben wir das Gefühl, dass wir an Grenzen stoßen, die sich wie äußere Grenzen anfühlen – doch bei genauerem Hinsehen haben wir sie uns selbst auferlegt. Und damit meine ich nicht die Grenze des Alkoholverzichts, die ich mir *sehr bewusst* selbst gesetzt habe. Ich meine die Grenzen, die unbewusst in uns wirken und uns in Momenten ausbremsen, in denen es eigentlich gar nicht nötig ist.

Ich erzähle dir ein Beispiel aus meinem Leben. Meine Sehbehinderung führt dazu, dass ich Smartphones und Computer nur mit Vergrößerungssoftware und Vorleseprogrammen nutzen kann. Mein Vater, der stets auf Sicherheit bedacht war, hat mir deshalb eingebläut, dass ich auf Onlinebanking verzichten solle. Was, wenn mir eine Zahl oder Zeile verrutschen würde? Was, wenn ich statt 100,00 Euro plötzlich 10 000 Euro überweisen würde?

Ich habe also mein Leben lang meine Finanzgeschäfte über meinen Vater, meine Schwester oder andere Menschen in meinem Leben abgewickelt. Als ich schließlich Jake kennenlernte, bat ich ihn, kurz nachdem wir zusammengezogen waren, eine Rechnung für mich zu bezahlen – von meinem Geld natürlich.

Er stutzte. «Wieso sollte ich das tun?», fragte er. «Ich bin doch nicht dein Assistent!»

«Ich kann doch kein Onlinebanking machen.» Ich zeigte auf meine Augen.

«Hä? Wieso nicht? Du machst doch sonst auch alles», sagte Jake. Dann lachte er auf, weil ihm meine Bitte so absurd erschien. Er begriff nicht, dass ich es ernst meinte, weil er sah, dass ich so viele andere Dinge schaffte. «Das kannst du auf jeden Fall allein!»

«Aber mein Dad hat das immer für mich gemacht», sagte ich und fügte kleinlaut hinzu: «Ich habe keine Ahnung, wie das alles geht.»

Jake setzte sich neben mich, legte einen Arm um meine Schultern und gab mir einen Kuss. «Ich zeig es dir.»

Wir installierten die Banking-Apps auf meinem Handy, und er erklärte mir, wie ich meine Finanzgeschäfte abwickeln konnte. Ich war baff. Das war weitaus einfacher zu händeln als die meisten Projektmanagement-Tools, mit denen ich sonst arbeitete. Nach gerade einmal 35 Minuten konnte ich alles selbst regeln. Ich war plötzlich alleinige Herrscherin über meine Finanzen. Mit Mitte 30.

Mein Vater hatte es gut gemeint, er wollte mich schützen. Doch es war Zeit, auf eigenen Beinen zu stehen. Erst dank Jake hatte ich verstanden, dass meine Behinderung in dieser Hinsicht keine natürliche Grenze darstellte, sondern dass mir eingeredet wurde, ich könne es alleine nicht schaffen. So lange, bis ich es fest in meinem Selbstbild integriert hatte.

Lina kann kein Onlinebanking.

Erst durch den Anstoß von außen kapierte ich, dass es gerade einmal 30 Minuten und zwei Apps brauchte, um diese

Grenze, die mir immer unüberwindbar erschienen war, einfach einzureißen.

Auch ohne Sehbehinderung hast du mit Sicherheit Annahmen über dich selbst getroffen, die sich wie äußere Grenzen anfühlen, aber eigentlich nur innere Grenzen in deinem Kopf sind. Ich nenne mal drei fiktive Beispiele:

«Mit meiner Figur kann ich das nicht tragen.»

«Das macht man nicht.»

«Mit Kindern kann ich mich nicht selbstständig machen.»

Diese Sätze fühlen sich nach äußeren Grenzen an, es sind aber eigentlich innere Grenzen. Stell dir vor, bei dir kommt Jake vorbei und fragt entgeistert: «Hä? Wieso nicht?»

Wenn du beginnst, deine inneren Grenzen zu hinterfragen, eröffnen sich neue Perspektiven, Möglichkeiten und Freiheiten. Allein durch das Hinterfragen dieser vermeintlichen Grenzen (die eigentlich nur Glaubenssätze sind) ist der Startschuss gefallen, diese abzubauen. Stück für Stück lernst du, selbstwirksam zu agieren und nicht jeden Gedanken sofort zu glauben. Ich spiele mal anhand von sechs Schritten, die ich in dem Buch *Happy Brain – Happy You* von Dr. Daniel G. Amen kennengelernt habe, ein fiktives Beispiel durch.[68]

Nehmen wir den Beispielsatz:

«Als Frau, die unter 40 ist, eine starke Sehbehinderung hat und kein Psychologiestudium vorweisen kann, kann ich mich nicht als Executive Coach niederlassen.»

Frage dich nun folgende Dinge:

Ist das wahr? Also gut, tief durchatmen. Ist es nicht ein bisschen voreilig, das Handtuch zu werfen, ohne es zu versuchen? Viele

Menschen haben schon Widrigkeiten überwunden, wieso sollte ich das nicht können?

Ist es mit 100-prozentiger Gewissheit absolut wahr? Was kann ich schon mit 100-prozentiger Gewissheit sagen? Habe ich heute Morgen daran gedacht, den Herd auszumachen? Brennt noch Licht im Bad? Wird meine Ehe für immer halten? Das Leben ist eine riesige, schöne Ungewissheit, und ich kann nur schauen, was hinter der nächsten Ecke liegt.

Wie fühlst du dich, wenn du deinem Gedanken glaubst? Schwer, düster und alternativlos. Es fühlt sich an, als schleppte ich einen Rucksack voller Ziegelsteine. Es ist dieses «Ich habe zu viel Schokolade gegessen und bereue es jetzt»-Gefühl, das wir alle kennen, nur viel bedeutungsvoller.

Wie würdest du dich fühlen, wenn du diesen Gedanken nicht hättest? Ich würde herumwirbeln und meine Weltübernahme als der unkonventionellste Executive Coach aller Zeiten planen. Die Welt wäre mein Spielplatz.

Dreh deinen Gedanken ins Gegenteil um und frage dich, ob das Gegenteil wahr ist. Okay: Als dynamische, einzigartige Frau unter 40 mit einer einzigartigen Perspektive kann ich mich als Executive Coach etablieren, Psychologieabschluss hin oder her. Hey, das klingt gut!

Denke über diesen neuen Gedanken nach. Es fühlt sich an, als hätte mir das Universum gerade eine Einladung gegeben.

Dieses Gedankenspiel kannst du mit sehr vielen Gedanken durchspielen, bei denen du das Gefühl hast, an Grenzen zu stoßen. Von «Niemand mag mich» bis zu «Das kann ich nicht».

Du übernimmst dabei Verantwortung für dein Handeln, anstatt sie nach außen zu schieben und als «Opfer deiner Umstände» zu leiden. Denn du bist kein Opfer. Du kannst mehr Dinge verändern, als du denkst. Deine inneren Grenzen definierst du selbst.

Noch ein weiteres Gedankenspiel hilft mir regelmäßig in meinem Transformationsprozess, wenn ich spüre, dass ich meine inneren Grenzen verschieben möchte. Und zwar in Form dieser vier Schritte, die ich in meiner Ausbildung zum Inner Change Coach nach Dr. Petra Bock gelernt habe:

Schritt 1: Nimm dich und dein Thema ernst.

Schritt 2: Was passiert, wenn der Worst Case eintritt?

Schritt 3: Welchen Impulsen willst du folgen oder nicht mehr folgen, damit du deinen Traum leben kannst?

Schritt 4: Gibt es ein Risiko, welches du noch nicht betrachtet hast?

Es begeistert mich immer wieder, was passiert, wenn du dich und dein Thema ernst nimmst. Ich selbst war lange daran gewöhnt, meine Träume als Spinnereien abzutun und stets in den vorgegebenen Grenzen zu bleiben.

Wie Fliegen, die darauf konditioniert sind, dass sie immer

nur bis zu einer Glasdecke fliegen. Und selbst wenn diese Decke nicht mehr da ist, trauen sie sich nicht, weiterzufliegen. Sie probieren es nicht einmal mehr aus. Dieses Gefühl des sicheren Rahmens kenne ich nur zu gut. Genau deshalb ist es so hilfreich, die eigenen Träume ernsthaft zu durchdenken. Meistens ist die Erkenntnis: Selbst wenn es schiefgeht, findet sich ein neuer Weg - und die Grenze wird nicht von außen gesetzt, sondern du darfst selbst entscheiden, wo diese verläuft.

Selbstsabotage durch Grenzüberschreitungen

Auf der einen Seite sehen wir also die Notwendigkeit der Befähigung - du kannst deine inneren Grenzen überprüfen und auflösen, selbstbestimmter handeln und dich von Glaubenssätzen lösen, die dich daran hindern, aus vollem Herzen zu leben (oder Bankgeschäfte allein zu regeln).

Auf der anderen Seite gibt es aber auch Grenzen, die wir nicht abbauen, sondern eher höher bauen sollten. An manchen Stellen bräuchte es eigentlich eine fette, hohe Mauer, die wir auch mit Anlauf und Räuberleiter nicht überqueren können, an der wir uns die Zähne ausbeißen. Doch meistens hängen an genau diesen Stellen bloß flattrige Absperrbänder, die wir kurz sehen und über die wir dann schulterzuckend hinübersteigen.

Wenn du beispielsweise kurz vor Feierabend noch gefragt wirst, ob du noch eben schnell eine Aufgabe erledigen könntest, sagst du Ja, obwohl du dich eigentlich auf deinen Sportkurs oder einen gemütlichen Abend auf dem Sofa gefreut hattest. Stattdessen sitzt du bis spät in den Abend im Büro.

Es sind die Grenzen unserer Belastbarkeit und die Grenzen

unseres Körpers, über die wir immer wieder hinweggehen. Wir essen ungesundes Zeug, bewegen uns zu wenig und beugen uns den Anforderungen der Leistungsgesellschaft, statt diese zu hinterfragen. Wir überschreiten jeden Tag genau die Grenzen, die eigentlich tatsächlich von außen gesetzt sind, weil es natürliche, körperliche, menschliche Grenzen sind. Niemand kann langfristig 60 Stunden pro Woche arbeiten. Niemand kann ohne Bewegung schmerzfrei leben. Niemand kommt dauerhaft mit vier Stunden Schlaf pro Nacht klar. Niemand bleibt mit Fast Food gesund.

«Geht schon», sagen wir. Und: «Schlafen kann ich, wenn ich tot bin.»

Es ist doch absurd, dass wir in einer Gesellschaft leben, die menschenfeindliche Verhaltensweisen glorifiziert. Sich kaputtzuarbeiten, auf Schlaf zu verzichten und zur Belohnung eine ganze Flasche Champagner zu trinken, ist offen gesagt kein Heldentum, sondern ein Verhalten, das Verdrängungsmechanismen und Selbstsabotage auf vielen Ebenen repräsentiert.

Wieso arbeiten wir so viel? Wieso fällt es uns so schwer, Pausen zu machen? Wieso rennen wir immer weiter?

Und die «Belohnung» - wieso betäuben wir uns, wenn wir doch eigentlich stolz auf uns sein wollen?

Wir verschließen die Augen vor unseren eigenen Grenzen. Wir überschreiten sie und tun so, als würde es uns gar nichts ausmachen oder angehen. Grenzen seien etwas für Schwächlinge, lachen wir und machen uns kaputt.

Und ich war mittendrin, Grenzenlosigkeit war mein zweiter Vorname. Von allem doppelt so viel, bitte. Mehr Party, mehr Überstunden, mehr Konsum. Das ist Erfolg, dachte ich. So lange, bis gar nichts mehr ging.

Wenn wir alle kleinen Grenzen überschritten haben, rennen wir schließlich gegen eine Wand. Dann entstehen psychische oder körperliche Krankheiten. Oder beides - denn Körper und Seele können wir nie voneinander isoliert betrachten.

In dem Buch *Happy Brain - Happy You* erklärt Amen eindrücklich, welch große Rolle beispielsweise die Auswahl unseres Essens dabei spielt, wie (un-)glücklich wir sind.[69] Er berichtet, wie eine Ernährungsumstellung dazu führte, dass ein junger Patient seine Angstzustände, Depressionen und Tics loswerden konnte.[70]

Körper und Psyche sind untrennbar miteinander verknüpft. Es gibt fast nie Beschwerden, die *nur* körperlich oder *nur* psychisch sind. Es ist eine Mischung, die mal auf der einen, mal auf der anderen Seite mehr wiegt.

«Das bedeutet, dass sich körperliche Symptome und psychische gegenseitig bedingen und verstärken. So kann Angst etwa zu Herzrasen und Atemnot führen - und chronische körperliche Leiden können Depressionen auslösen.»[71]

Ich habe sowohl meinem Körper als auch meiner Psyche zu lange zu viel zugemutet. Bis beide rebelliert haben. Um nach so einer Erfahrung wieder auf die Beine zu kommen, braucht es eine ganzheitliche Betrachtung und Veränderung.

Du wirst nicht psychisch gesund bleiben, wenn du deinen Körper mit einer schlechten Ernährung und zu wenig Bewegung triezt. Du wirst nicht körperlich gesund bleiben, wenn du extreme psychische Belastungen aushalten musst.

Dein Gehirn ist ein physisches Organ, das du pflegen, gesund halten und wiederaufbauen kannst - und dazu gehören definitiv gesunde Grenzen.

Grenzen setzen: Ich kann das nicht, ich will das nicht

Erst in den letzten Jahren habe ich wirklich verstanden, dass mein Wohlbefinden die Basis für meine Leistungen ist. Wenn es mir gut geht, bin ich stark. Wenn es mir nicht gut geht, bin ich auch nicht leistungsfähig. Dann muss ich für das gleiche Ergebnis viel härter arbeiten, bin viel erschöpfter und werde für mein Umfeld zu einer anstrengenden Person. Wie du weißt, habe ich zweimal viel zu lange meine Grenzen überschritten, bis ich umgekippt bin. Weder von meinem unausgeschlafenen Ich noch von meinem Burn-out profitiert jemand.

Und doch tappe ich sogar heute noch ab und zu in die Falle zu denken: «Das kriege ich schon noch hin», obwohl ich eigentlich spüre: «Ich möchte nicht mehr.»

Die Basis-Bedürfnisse sind doch so simpel: Ich muss essen, schlafen, trinken, mich bewegen und Pausen machen. Ich brauche Zeit für mich und meine Partnerschaft. Und du auch. Kein Hexenwerk. Aber irgendwie eben doch, denn es ist so viel schwieriger, als es klingt. Weil unsere Gesellschaft diese Basis einfach vergisst und andere Erwartungen priorisiert.

Vor Kurzem habe ich eine Interviewanfrage bekommen, zugesagt und das Interview ans Ende eines 8-Stunden-Tages gelegt. Von 9 bis 18 Uhr nahm ich an einer intensiven Coaching-Weiterbildung teil, um 19 Uhr führte ich das Interview.

«Schnupsi, tu mir bitte einen Gefallen», sagte mein Mann Jake mir daraufhin, «wenn du den ganzen Tag arbeitest, nimm bitte nichts mehr für den Abend an.»

Erst durch diese Aussage wurde mir bewusst, dass ich es wieder getan hatte. Ich hatte dieses Interview nicht einmal als Arbeit klassifiziert. Ich war ein trockener Workaholic und Jake mein Sponsor.

In meinem Kopf war das Interview eine Chance, meine Gedanken in der Öffentlichkeit zu teilen, und vielleicht ein Türöffner für neue Projekte. Für Jake war es Zeit, die ich mit Arbeit verbrachte, statt mit ihm zusammen zu sein - und Zeit, die mich erschöpfte.

Natürlich hatte er recht. Denn wir haben Grenzen, Grenzen des Machbaren, Erfüllbaren, Leistbaren. Wir brauchen private Zeiten des Nichtstuns, der Zerstreuung, der Ziellosigkeit, um einen Ausgleich zu schaffen. Wir brauchen Zeiten für unsere Liebsten, um Beziehungen zu pflegen.

Leider merken viele Menschen erst viel zu spät, wie schlecht es ihnen geht, wenn sie ihre Grenzen dauerhaft und immer wieder überschreiten.

Auch wenn wir verstanden haben, dass wir ein toxisches Verhältnis zu unserer Arbeit haben, müssen wir es nicht allein schaffen. Ehrlich gesagt können wir das gar nicht. Wir brauchen Menschen, denen wir unsere Geschichte erzählen können, Menschen, die uns ihre Empathie schenken, wenn wir mal wieder im Sorgenkarussell gefangen sind. Es ist auch eine Form der Hilfe, dass uns jemand liebevoll auf unsere blinden Flecken hinweist und wir diese Hinweise annehmen können.

Du und ich, wir können trainieren, unsere Grenzen rechtzeitig zu erkennen und innezuhalten, bevor wir weiterrennen. Und wir müssen das nicht allein schaffen.

Grenzen setzen - meine fünf Tipps

1. Bewusstsein schaffen
Die intensive Auseinandersetzung mit mir selbst hilft mir dabei, rückblickend zu erkennen, an welcher Stelle ich mal wie-

der übertrieben habe. Wann wurde mein Ehrgeiz ungesund, und wann bin ich wieder einmal in den Workaholic-Modus geraten? Dieses Hinterfragen sorgt für mehr Verständnis für mich selbst, und das wiederum sorgt für ein bewussteres und achtsameres Leben im Hier und Jetzt.

Ebenso hat es mir geholfen, genau hinzuschauen, was für Aufgaben ich pro bono annehme. Ich bin sehr begeisterungsfähig und neige schnell dazu, Projekten zuzusagen, die mir gefallen. Egal, ob ich daran Geld verdiene oder nicht. Ich finde diese Eigenschaft sehr wertvoll und möchte dies auch weiterhin tun, dennoch muss ich gerade nach meiner Vorgeschichte mit zwei Burn-outs auf mich aufpassen. Denn Großmut und Begeisterung können schnell in Überlastung kippen, Euphorie in Überforderung.

Und manchmal tun wir Dinge nicht, weil wir zu hundert Prozent dahinterstehen, sondern weil wir jemandem gefallen oder die Person nicht enttäuschen möchten. Manchmal ist das okay, wenn ich beispielsweise in der Urlaubszeit die Katze der Nachbarin füttere, obwohl ich nicht immer Lust darauf habe. Doch so ein Verhalten kann in anderen Zusammenhängen in die Selbstsabotage abdriften. Wenn ich immer Ja sage, wenn eine Kollegin nach Hilfe fragt, obwohl ich selbst den Schreibtisch voll habe beispielsweise. Am Ende hat sie pünktlich Feierabend, und ich muss Überstunden machen. Oder wenn ich für eine Teilnahme an einem Panel zum wiederholten Mal nicht entlohnt werde und trotzdem immer wieder hingehe, um niemanden vor den Kopf zu stoßen, auch wenn es sich falsch anfühlt.

Um mich vor selbstsabotierendem Verhalten und euphorisch überstürzten Entscheidungen zu schützen, habe ich mir ein Karma-Konto eingerichtet. Monatlich stehen mir, je nach meinem aktuellen Energielevel, acht bis sechzehn Stunden zur Verfügung für Dinge, die für mein gutes Karma sorgen, die ich also freiwillig, zusätzlich, für andere und / oder kostenlos tue. Wenn dieses Karma-Konto aufgebraucht ist, sage ich weitere Anfragen ab. Egal, ob es sich dabei um ein unbezahltes Interview, ein Pro-bono-Coaching, Hilfe bei einer Präsentation, ein ehrenamtliches Engagement oder andere Projekte handelt. So kann ich weiterhin Gutes tun und anderen helfen, ohne mir dabei selbst zu schaden.

2. Das Warum hinterfragen

Ich brauche für mein Handeln stets einen Grund. Eine Antwort auf die Frage: Wieso tue ich das?

Dabei ist das Leadership-Konzept «The Golden Circle» von dem Unternehmensberater, Speaker und Autor Simon Sinek zu einer Art Mantra für mich geworden.[72] Dieser «Circle» ist folgendermaßen aufgebaut:

Innen, im Kern, steht die Frage «Why?», also: Warum tue ich etwas?

Um dieses «Why» herum ist das «How», also wie setze ich diesen Wert oder dieses Ziel um?

Ganz außen ist das «What», also was mache ich ganz konkret?

Der «Golden Circle» wird meist von Unternehmen und Marketingabteilungen genutzt, um nicht nur ein Produkt an sich, sondern vor allem die Idee dahinter zu verkaufen. Aber ich finde das Konzept auch für die eigene Persönlichkeitsentwicklung sinnvoll. Denn es hilft mir dabei, sowohl meine eigenen Antreiber und Ziele zu definieren und von innen nach außen, nicht von außen nach innen zu handeln. Zum anderen ermutigt es mich, bei anderen Menschen nachzufragen, wieso ich gewisse Dinge tun soll und welches Ziel dahintersteckt – denn eine Kommunikation auf Augenhöhe steht uns allen zu. Egal ob ein Kind die Mama fragt, wieso es denn jetzt schon nach Hause soll, oder ob ein Angestellter seine Chefin fragt, wieso eine gewisse Entscheidung getroffen wurde. Diese Fragen müssen erlaubt sein, blinden Gehorsam muss niemand leisten. Eine offene Gesprächskultur ist wichtig, um an einem Strang ziehen zu können.

Ein gutes Beispiel für ein «Why» ist das Laufen. Seit 2018 laufe ich alle zwei Jahre einen Marathon. Sagen wir, wie es ist: Einen Marathon zu laufen ist zwar beflügelnd, aber auch scheißanstrengend. Ehrlich gesagt würde ich mich diesen Qualen wohl nie aussetzen, wenn das ewig lange Laufen nicht ein konkretes Ziel hätte. Ich gestalte die Marathons als Spendenläufe und sammle dabei Geld für einen guten Zweck, der sich für mehr Chancengleichheit für Kinder einsetzt.

Dieses «Why» ist so stark, dass es mich alle Qualen und Schmerzen überstehen lässt. Wenn ich das nicht hätte, würde ich nach ein paar Kilometern aufgeben. Und so ist es für mich immer im Leben. Das Warum setzt die Grenze. Ich habe in Coachings für mich mein großes Warum herausgearbeitet, das mir seit Jahren immer wieder hilft, meine Grenzen zu setzen: *«Inspire people and help them to unleash their potential.»*

Das ist es, was mich glücklich macht und erfüllt. Immer wenn ich mich von diesem Ziel entfernte, wurde ich krank oder unglücklich. Wenn der Sinn meines Handelns klar ist und die negativen Seiten überstrahlt, bin ich bereit, viel zu geben. Wenn es ins Nichts läuft, wenn es nicht meinem Warum entspricht und dann nicht einmal Spaß macht, ist definitiv eine Grenze erreicht.

3. Werte definieren

In dieser Auseinandersetzung mit mir selbst hilft es mir, stets meine Werte zu überprüfen und klar zu priorisieren. Werte sind übrigens nicht das Gleiche wie Ziele, auch wenn diese Begriffe immer wieder synonym verwendet werden. Ziele kann man auflisten und abhaken. Typische Ziele wären: der Urlaub in Kanada, die Weltreise, die Beförderung, die Gehaltserhöhung, das Haus auf dem Land. Werte hingegen sind keine Einzelereignisse. Dr. Sophie Mort beschreibt sie als «Eigenschaften und Erfahrungen, die [du] machen [willst], und man kann sie nicht einen nach dem anderen abhaken».[73] Dazu können beispielsweise Mitgefühl, Familie, Freiheit, Flexibilität, Reisen, Freundschaft oder Gesundheit gehören. Wenn du einmal in fünf Jahren deine Familie besuchst, hast du damit nicht den Wert Familie gelebt. Erst wenn du dein Leben so ausrichtest, dass du möglichst viel Raum für die Familie schaffst, handelst du werteorientiert. Es geht also um die Dinge, die dir wirklich wichtig sind und denen du Raum geben willst. Und dabei ist es egal, ob dein Umfeld das anders sieht. Es geht um dich. Und deine Chance auf ein wert-volles Leben.[74]

Um meine Werte zu definieren, habe ich mich 2018 viel mit den Arbeiten von John Strelecky beschäftigt und dabei meine «Big Five for Life» herausgearbeitet, also meine fünf wichtigsten Werte.[75] Bei mir sind es: relationship (Beziehungen), awareness (Bewusstsein/Achtsamkeit), stories (Geschichten), marathon (Marathon) and inspiration (Inspiration), kurz: RASMI. Diese Dinge erfüllen mich.

Und sie helfen mir immer wieder dabei, meine Grenzen so abzustecken, dass ich bei mir und meinen Werten bleibe.

Ein weiteres Konzept von John Strelecky erinnert mich daran, wie wichtig es ist, diese Werte zu leben: das «Museum des Lebens».[76] Es geht dabei darum, uns vorzustellen, dass jeder Moment unseres Lebens gesammelt wird. Jeder Tag, jedes Erlebnis wird aufgezeichnet und landet in der Ausstellung. Was siehst du, wenn du durch dieses Museum gehst? Gefällt es dir? Oder sind erschreckend viele unangenehme Momente dabei, in denen du dich verbogen hast? Als ich zum ersten Mal von dieser «Museum des Lebens»-Idee hörte, begann ich vieles zu hinterfragen, und ich erinnere mich bis heute immer wieder daran, dass ich selbst dafür zuständig bin, mein Museum so auszustatten, dass ich mit einem Lächeln durch die Ausstellung gehen kann. Natürlich wird nicht jeder Tag funkelnd und schön sein, das wissen wir alle, aber es sollte sich echt und nach mir anfühlen, was in diesem Museum steht.

4. Mich daran erinnern, dass ein Ja zu mir ein Nein zu anderen ist
«Ich möchte Ja zu mir sagen, ohne andere zu verletzen», sagte ich kürzlich zu meiner Coachin, ganz beiläufig. Sie bohrte sofort nach: «Moment mal. Sie wollen für sich selbst einstehen, richtig?» – «Ja.» – «Und Sie glauben, dass Sie das schaffen, ohne dabei jemanden zu verletzen?» – «Ich ... versuche es», sagte ich, und es klang wie eine Frage. Sie brauchte nichts mehr sagen, ich kam selbst drauf: Ein Ja zu mir ist ein Nein zu anderen, ob ich will oder nicht. Enttäuschungen bei anderen bleiben nicht aus. Eigentlich weiß ich das. Und dennoch war dieser Satz noch einmal entscheidend für mich: Ein Ja zu mir ist ein Nein zu anderen. Das ist okay. Ich bin nicht al-

lein, wenn ich für mich einstehe, sondern ich lebe aus vollem Herzen. Menschen, die mich wirklich mögen, bleiben an meiner Seite - selbst wenn ich sie manchmal zurückweise. Denn eines habe ich auch gelernt: Manchmal bricht nach meinem Nein gar nicht alles zusammen. Manchmal finden andere Menschen mich tatsächlich cool und stark, oder sie zucken nur mit den Schultern und sagen: «Okay.» Die Welt dreht sich weiter. Auch und erst recht, wenn du Nein sagst.

5. Eine Person von außen um Hilfe bitten
Wenn du spürst, dass du immer wieder deine Grenzen überschreitest und es dir schwerfällt, aus eigener Kraft im Wahnsinn des Alltags das *sparkling unicorn* zu bleiben, das du eigentlich bist, bitte liebe Menschen um dich herum, dir Bescheid zu sagen, wenn sie spüren, dass du mal wieder über deine Belastbarkeitsgrenzen hinweggehst. Wenn dein Leuchten immer grauer und blasser wird. Bei mir ist Jake mein wichtigster Berater - denn er spürt, wann mir Stress guttut und ich wirklich dahinterstehe und wann ich mal wieder im Außen bin und mich von blockierenden Glaubenssätzen und Erwartungen anderer antreiben lasse, ohne meine Werte und Grenzen im Blick zu behalten. Er ist mein Korrektiv. Und wenn er nicht weiterweiß, habe ich noch ein ganzes Netzwerk an Menschen, die mir ab und an den Kopf waschen, wenn ich mal wieder Grenzen überschreite.

Manchmal überlege ich, die «Anonymen Workaholics» zu gründen, um sich gegenseitig immer wieder zu unterstützen und auch von den Erfahrungen anderer zu profitieren. Denn bei all den Ideen, wie du ganz bei dir bleiben und deinen Weg gehen kannst, solltest du nie vergessen, dass du ein Herdentier bleibst. Du darfst andere Menschen brauchen. Du darfst über deinen Struggle und deine Unsicherheiten sprechen, darfst zugeben, dass du eine Umarmung brauchst, und spüren, dass du dadurch nicht deine Zugehörigkeit verlierst, sondern dass deine Offenheit sogar eher dazu führt, dass andere sich nicht mehr allein fühlen und ihr euch verbinden könnt. Andere zu brauchen ist kein Zeichen von Schwäche, sondern eine Basis des Menschseins. Und dazu zu stehen, lässt dich wachsen.

Cheat Days für die Seele: Grenzen der Selbstoptimierung

Und jetzt: Durchatmen.

Noch mal.

Sieh aus dem Fenster. Geh eine Runde spazieren.

Wann hast du zuletzt einen Film geschaut?

Selbstoptimierung und Sinnsuche dürfen Grenzen haben. Ich weiß, ich bin Coach und helfe Menschen dabei, ihr Potenzial zu entfalten – doch meiner Meinung nach sind wir alle nur richtig gut, wenn wir auch Dinge tun, die komplett sinnlos sind und keinem Ziel dienen. Du darfst ohne schlechtes Gewissen einen kitschigen Film gucken, der nicht vom Feuilleton diskutiert wird. Du darfst zum fünften Mal deine Lieblingsserie schauen, auch wenn sie in mancherlei Hinsicht schlecht gealtert ist. Du darfst stundenlang Kekse backen, wenn dir danach ist. Du darfst loslassen. Schau dir lustige Katzenvideos auf YouTube an oder geh ein Spaghettieis essen. Tu Dinge, die kein «Return on Invest» haben, bei denen es nicht darum geht, an dir zu arbeiten oder deine Karriere voranzubringen.

Arianna Huffington fiel 2012 vor Erschöpfung in Ohnmacht, brach sich dabei das Jochbein und musste mit fünf Stichen am Auge genäht werden. Sie sagt in einem TED Talk: «Ich bin heute hier, um Ihnen zu sagen, dass der Weg zu einem reicheren, kreativeren und freudvolleren Leben darin besteht, genug zu schlafen.»[77]

Es ist bezeichnend, dass bei diesem Satz viele im Publikum lachten und die Wichtigkeit und Ernsthaftigkeit dieser Aussage möglicherweise übersahen. Denn es klingt banal, vielleicht sogar ein wenig lächerlich. Doch sie hat recht. Wir vernachlässigen unsere grundlegendsten Bedürfnisse, um zu performen und uns selbst zu optimieren. Wir vergessen, dass unsere Performance und unser Selbst langfristig leiden, wenn wir das tun.

Auch ich musste lernen, dass es okay ist, nicht immer zu wachsen. Auch und gerade in den Zeiten, in denen ich mich sehr mit mir selbst und meinen Betäubungsmechanismen beschäftigt habe, hinterfragte ich mich beim Ausruhen selbst: Schaue ich gerade wieder weg? Was versuche ich zu verdrängen, während ich laute Musik höre oder tief im Netflix-Tunnel versacke? Ist das nicht schlecht für meinen Kopf?

Wichtig ist: Es gibt einen Unterschied zwischen der bewussten Entscheidung für Eskapismus und dem unbewussten Betäuben von Emotionen. Die Betäubung ist eine Form der Verdrängung und des Wegguckens. Bewusster Eskapismus hingegen ist gesund. Sich Freiräume zu verschaffen bedeutet, für sich selbst zu sorgen. Denn auch die Arbeit an dir selbst ist Arbeit. Wer schon mal eine intensive Coaching-Session hinter sich gebracht hat, weiß, wie geschafft man danach ist. Es fließen Tränen und Schweiß - keine Ahnung, wie du das wegsteckst, aber ich brauche danach definitiv eine Pause.

«Wir müssen uns nicht unaufhörlich ändern, um zu genügen. Es spielt keine Rolle, ob wir unsere Meilensteine erreichen oder nicht», so Dr. Sophie Mort.[78]

Ich finde diesen Gedanken unglaublich befreiend. Nimm den Druck raus. Gönn es dir, nichts entscheiden oder erreichen zu müssen.

Auch die Frage nach dem «Warum» unseres Tuns, die auch für mich sehr wichtig ist, kann nicht immer beantwortet werden. Manchmal fühlt es sich einfach gut an. Und das reicht fürs Erste. Die Sinnsuche kann auch blockieren - vertraue deinem Bauchgefühl. Wenn du das Warum noch nicht siehst, es sich aber absolut richtig anfühlt, do it anyway. Ich wiederhole noch mal das schöne Zitat von Søren Kierkegaard: «Das Leben wird vorwärts gelebt und rückwärts verstanden.»

Vielleicht findest du eine Tätigkeit, bei der du ganz bei dir sein kannst, ohne Druck, ohne Zwänge. Ich habe schon immer das Laufen als eine solche empfunden, bei der ich loslassen kann. Beim Laufen laufe ich. Sonst nichts. Ich muss nicht funktionieren.

Meine Leidenschaft fürs Laufen entdeckte ich nach meiner Weltreise, als ich 2003 noch einige Wochen in Brasilien lebte. Du erinnerst dich vielleicht: Ich bin in dieser Zeit in die Schönheitsfalle getappt, habe wie eine Irre trainiert und kaum noch gegessen. Rückblickend waren diese Monate sowohl körperlich als auch psychisch mehr als ungesund. Und dennoch bin ich dankbar für diese Erfahrung, denn sonst hätte ich vielleicht nie meine Leidenschaft für das Laufen entdeckt.

Es ist merkwürdig: Ich habe dabei keinen sportlichen Ehrgeiz. Es geht mir nicht um Zeiten, nicht um meine Pace, nicht um Kalorien. Es geht mir nur darum, mit mir selbst Zeit zu verbringen und zu spüren, wie gut die Bewegung mir tut. Deshalb blieb ich dabei, auch als ich meine Sport- und Magersucht längst hinter mir gelassen hatte. Ich lief und lief, wann immer es ging.

Als ich die Idee hatte, Spendenläufe ins Leben zu rufen und 2018 schließlich meinen ersten Marathon plante, brauchte es natürlich eine intensive Vorbereitung und auch einen Blick auf die Zeiten. Dennoch war mir das Ergebnis des Marathons immer egal. Die Stimmung ist bei diesen riesigen Läufen einfach grandios. Die Menschen jubeln, und ich werde von allen Seiten beklatscht - nicht nur von den Zuschauenden, sondern auch von den anderen Laufenden. Wir beglückwünschen uns die ganze Zeit gegenseitig für diese Power.

Ich muss mir beim Marathon nicht beweisen, wie schnell ich bin, ich lass mich einfach dafür feiern, dass ich zweiundfucking-vierzig Kilometer für den guten Zweck laufe. Ich sammle mit jedem Kilometer Spenden und kann Kindern helfen. Es geht mir nur darum anzukommen - bestenfalls vor der Putzkolonne. Ach was, selbst wenn ich gemeinsam mit dem Reinigungswagen ankäme, würde ich den Helfenden grinsend ein High Five geben.

Das Laufen hat mir oft geholfen, meine Gefühle zu ordnen und meine Erfahrungen zu verarbeiten. Gewisse Strecken, die ich gut kenne, kann ich trotz meiner Sehbehinderung alleine laufen und bin somit unabhängig von anderen - das ist für mich sehr wichtig. Denn manchmal muss ich einfach raus, sofort, ohne darauf zu warten, dass jemand Zeit und Lust hat. Um den Kopf frei zu laufen.

Gleichzeitig hat mir das Laufen auch dabei geholfen, Hilfe anzunehmen. Denn wenn da niemand ist und ich auf neuem

Terrain unterwegs bin, fällt es schwer, in den Flow zu kommen. Wenn ich mich ständig darauf konzentrieren muss, wo ich hintrete, ist das eine permanente Anspannung. Um meine Ressourcen zu schonen, entschied ich deshalb, auf unbekannten Strecken so oft wie möglich jemanden bei mir zu haben.

Auch in der Marathonvorbereitung habe ich stets einen Laufcoach an meiner Seite und brauche Menschen, die mir ihre Augen leihen und mit mir laufen. Das führte schon zu spannenden Begegnungen, inspirierenden Gesprächen und neuen Freundschaften. Natürlich musste ich mich auch hier Stück für Stück herantasten und mich mit meinem Stolz, der manchmal einfach Schwachsinn war, auseinandersetzen. Von «Ich laufe ganz allein» über «Ich laufe mit jemandem an meiner Seite» bis zu «Ich laufe mit ‹Blind Runner›-T-Shirt und Verbindungsband» war es ein Prozess, der einige Jahre und innere Konflikte gedauert hat. Doch heute bin ich sogar stolz darauf, Hilfe annehmen zu können. Denn das Laufen nimmt mir trotzdem niemand ab, den Marathon renne ich immer noch aus eigener Kraft. Es ist nur viel schöner, dabei anderen Menschen vertrauen zu können und so eine wertvolle Verbindung zu spüren, die mich immer wieder rührt und inspiriert. Ich finde beim Laufen die Ruhe in mir, und nach jedem Lauf geht es mir besser als vorher.

Was ist es bei dir? Bei welcher Tätigkeit kannst du abschalten und alles um dich herum vergessen? Wann bist du im Flow?

Egal ob du diese Ruhe beim Sport, Klavierspielen, Malen, Makrameeknüpfen oder sonst wo findest - gönn sie dir. Nimm dir Zeit für Sinnlosigkeit. Geh schlafen. Ruh dich aus. Schau Serien. Geh tanzen, wenn dir danach ist. Miss deinen

Wert nicht an Meilensteinen, sondern sei dir bewusst, dass dieser Wert immer gleich bleibt.

Inklusion ist keine Grenzenlosigkeit

Viele Menschen denken, dass Inklusion bedeutet, Grenzen abzubauen. In vielen Köpfen gibt es die Annahme, dass grenzenloser Zugang für alle zu allem genau das ist, was wir erreichen möchten. Doch das sehe ich anders. Inklusion ist keine Grenzenlosigkeit und absolute Gleichbehandlung, sondern der Austausch über Bedürfnisse und ein gemeinsamer Konsens.

Ein ehemaliger Chef hat immer zu mir gesagt: «Ungleiche Menschen gleich zu behandeln ist nicht gerecht, sondern Gleichmacherei.»

Chancen*gerechtigkeit* wird leider oft als Chancen*gleichheit* missverstanden. Oft begegnet uns die Metapher eines Wettlaufs, bei dem die privilegierten Menschen perfekt trainiert und mit großem Vorsprung antreten, wohingegen die weniger privilegierten Menschen, also unter anderem Frauen, Menschen mit Behinderung, Menschen mit Migrationsgeschichte und Menschen aus der queeren Community, schon beim Startschuss mit zahlreichen Wettbewerbsnachteilen starten. Deshalb sollen sie Vorteile erhalten, Vorsprünge, bessere Schuhe, ein gutes Training.

Ich verstehe dieses Bild und finde den Gedanken, dass wir allen die gleichen Chancen geben wollen, richtig.

Aber hat mal jemand die Leute gefragt, ob sie Bock auf dieses Wettrennen haben? Wieso sollen alle den gleichen Sprint laufen? Wieso teilen wir uns den Weg zum Ziel nicht als Staffellauf auf, damit niemand in die Erschöpfung rennen muss und alle genau die Strecke laufen, die sie schaffen? Und ist dieses ganze Gerenne überhaupt so zielführend?

Der US-amerikanische Psychologe und Autor Adam Grant sagt in seinem TED Talk: «Wir [können] die Definition von Erfolg ändern. Anstatt alles zu einem Wettbewerb zu machen, wird Erfolg für Menschen [...] über ihren Beitrag definiert. Ich glaube, der sinnvollste Weg zum Erfolg ist es, anderen bei ihrem Erfolg zu helfen.»[79]

Es geht um das Miteinander, nicht um das Gegeneinander.

Ich wünsche mir, dass Menschen wieder mit Menschen reden und wir so zusammenarbeiten, dass jeder in seiner Stärke ist und das tut, was er gut kann und gern macht. Nicht alle haben das gleiche Ziel. Diesen grundlegenden Gedanken der Inklusion halte ich für falsch.

Gerechtigkeit ist nicht gegeben, wenn wir allen gleichwertige Ausgangsvoraussetzungen geben und dann alle gegeneinander antreten. Gerechtigkeit ist, wenn wir uns zusammensetzen und gemeinsam Ziele und Wege definieren, mit denen alle zufrieden sind. Ich frage in meinen Coachings gern: «How does done look like?» Es geht nicht darum, andere gerecht verlieren, sondern möglichst viele gewinnen zu lassen und gemeinsam Ziele zu erreichen.

Und ja, um das zu schaffen, sind Grenzen notwendig. Führungskräfte beispielsweise müssen den Weg abstecken und Grenzen fürs Team setzen. Diese entstehen aber nicht willkürlich, sondern im Austausch. Im Job, in der Gesellschaft, in zwischenmenschlichen Beziehungen, es gilt überall das Gleiche: Wir müssen darüber reden, wo unsere Grenzen liegen und wie wir es schaffen, einen Konsens zu finden. Und dieser

Austausch muss immer und immer wieder stattfinden, weil sich Grenzen und Bedürfnisse verändern.

Ich nehme mal ein ganz einfaches Beispiel: Vielleicht zerbrichst du dir den Kopf, wie du die perfekte Torte für deine Geburtstagsparty machst. Biskuitböden, Buttercreme, aufwendige Verzierungen – schon beim Einkaufen der Zutaten gerätst du in die Überforderung und verbringst fünf anstrengende Stunden in der Küche. Die Wahrheit ist: Niemand deiner Gäste mag Torte besonders. Alle lieben den Zitronenkuchen, den du sonst immer backst, und sind bei deiner Party insgeheim enttäuscht, dass es dieses Jahr keinen gibt. Denn trotz aller Mühe schmeckt deine Torte, nun ja, ein wenig langweilig. Hättet ihr miteinander gesprochen, wären alle mit dem Zitronenkuchen zufriedener gewesen, und du hättest dir eine Menge Stress erspart.

Darum geht es mir. Um den Dialog.

So funktioniert auch Inklusion.

Barrierefreiheit macht nur da Sinn, wo Menschen diese auch brauchen. Und das können wir zwar ahnen, aber nie wissen, wenn wir nicht miteinander sprechen.

In meinen vergangenen Beziehungen habe ich oftmals Dinge verschwiegen und bin wie auf Eierschalen gelaufen, um nichts Falsches zu sagen. Ich hatte Angst, meine Partner vor den Kopf zu stoßen und so unsere Beziehung kaputtzumachen. Was für ein Unsinn! Denn nur wenn wir Grenzen kommunizieren, können wir echte Nähe herstellen. Zugehörigkeit, die auf Unehrlichkeit basiert, ist nicht von Dauer.

In der Beziehung mit Jake gab es einen Moment, an dem er eine Grenze zog, mit der ich erst einmal zurechtkommen musste. Eigentlich wollten wir im Oktober 2021 auf Sylt heiraten. Wir hatten alles geplant: Die Einladungen waren verschickt, die Blumen bestellt, die Location gebucht.

Am 3. August 2021 sagte Jake mir, dass wir die Hochzeit verschieben müssen. Für mich kam diese Aussage aus dem Nichts – und sie hob meine Welt aus den Angeln.

Es lief doch alles! 2020 fing mit dem Start in meine Selbstständigkeit, der genau in die Pandemie fiel, zwar etwas holprig an, doch dann lief es immer besser. Wir arbeiteten beide hart, waren beide erfolgreich. Ich hatte das Gefühl, dass wir das perfekte Leben führten. Doch Jake empfand unseren Alltag ganz anders: Wir lebten nebeneinanderher statt miteinander. So viel Arbeit, so wenig Leben. Wir saßen im Büro und tauschten uns über unsere Jobs aus, statt Dinge gemeinsam zu erleben. Wir sahen uns zwar viel, doch folgten unseren jeweiligen To-do-Listen. Ich kannte dieses Leben. Meine Eltern hatten es gelebt, und ich empfand es als normal.

Doch Jake wollte mehr. Er wollte keine Sparringspartnerin, sondern eine Ehefrau. Er wollte keinen Co-Working-Space, sondern ein Zuhause.

Wir seien noch nicht so weit zu heiraten, sagte er deshalb. Und dass wir die Hochzeit verschieben sollten.

Es war hart, wir vergossen in den Tagen nach seiner Bitte beide viele Tränen. Damals verstand ich nicht sofort, was er meinte. Doch wir haben oft darüber gesprochen, und ich ziehe heute noch den Hut davor, dass er diese Grenze gezogen hat. Es war ein mutiger Schritt, der zur Trennung hätte führen können. Doch interessanterweise dachte ich nicht einen Moment lang darüber nach zu gehen. Er auch nicht. Wir sprachen stattdessen über unsere Werte, unsere Erwartungen und unsere Grenzen. Für unsere Beziehung war dieser

Bruch so gut, unsere Entwicklung als Paar machte einen großen Sprung nach vorn.

«Sometimes you have to tear it down to build it up again.» Manchmal müssen wir Dinge abreißen, um sie wieder aufzubauen.

Damit das klappt - die ehrliche Kommunikation von Grenzen, der Dialog, der Austausch über Bedürfnisse -, musst du deine Grenzen und dich selbst gut kennen. Deshalb sage ich es immer wieder, da musst du durch: Inklusion funktioniert von innen nach außen. Fang bei dir an. Erkenne, was dir wichtig ist und was du brauchst. Wenn du Klarheit hast, kannst du sie kommunizieren und in den Dialog gehen.

5.

Me, myself and I:
Wer du warst,
bist und sein möchtest

Auf der Suche nach meiner Identität

Du weißt jetzt, dass die Beschäftigung mit dir selbst wohl unausweichlich ist, wenn du ein bewusstes und inklusives Leben führen möchtest. Nun wirst du dir also unweigerlich die Frage stellen: Wer bin ich? Denn nur wenn du «dich selbst gefunden hast», wie man so schön sagt, kannst du auch nach deinen Werten und Überzeugungen handeln. Oder?

Ich habe das lange genauso gesehen und habe mir viele Gedanken über meine Identität gemacht. Dabei begegneten mir viele Fragen:

Bin ich Brasilianerin oder Deutsche?

Identifiziere ich mich als Person mit Behinderung?

Bin ich Gymnasiastin oder Realschülerin?

Bin ich intro- oder extrovertiert?

Die Antworten sind - nun ja, eher unbefriedigend:

- In Deutschland bin ich die Brasilianerin, in Brasilien die Deutsche.

- Unter den Blinden bin ich die Sehende, unter den Sehenden die Blinde.
- Auf der Realschule war ich überqualifiziert, auf dem Gymnasium warf man mich von der Schule.
- Ich bin in Teams stark, brauche aber viel Zeit für mich.

Es war zum Verzweifeln. Ich wollte doch wissen, wer ich bin! Stattdessen wurde ich immer unsicherer. Auf der Suche nach der einen Identität begegneten mir immer mehr Aspekte, die mir zeigten, dass meine Suche ergebnislos bleiben würde, dass ich mich sogar zunehmend in Widersprüche verstrickte, je genauer ich hinschaute. *Die eine* Identität, an der ich mich doch festhalten wollte, gab es nicht. Ich passte nirgends hinein. Und das fühlte sich furchtbar an.

Denn die Suche nach Identität ist im Grunde genommen, du ahnst es schon, die Suche nach Zugehörigkeit. Wir möchten Teil einer sozialen Gruppe sein, möchten das Gefühl haben, dass die Menschen um uns herum so ticken wie wir. Wir wollen verstanden werden. «Wir Deutsche» oder «Wir Brasilianerinnen» zu sagen fühlte sich für mich immer falsch an. Weil ich nicht dazugehörte. Dazu die merkwürdigen Unterschiede in Sachen Nationalstolz – wenn ich als Schülerin eine Brasilienflagge auf meinen Rucksack bügelte, fanden das alle cool, wenn eine Freundin das Gleiche mit einer Deutschlandflagge tat, galt sie als Nazi. Wie zur Hölle soll man sich unter den Umständen zugehörig fühlen?

Als Deutsch-Brasilianerin sind mir die kulturellen Differenzen dieser Nationen sehr bewusst – auch fernab vom unterschiedlichen Nationalstolz.

Brasilien ist eine «High-Kontext-Kultur», in der sehr viel Kommunikation durch indirekte, nonverbale Signale stattfindet. Betonung, Mimik, Gesten, das Umfeld des Gesprächs, die Rollen der beteiligten Personen – diese Informationen sind für den Inhalt einer Aussage mitentscheidend.

In Deutschland, einer «Low-Kontext-Kultur», ist der Kommunikationsstil viel direkter. Was nicht gesagt wird, zählt nicht, «verschlüsselten» Informationen wird kaum Bedeutung zugewiesen.

Kein Wunder, dass diese Welten immer wieder aufeinanderprallen. Und eigentlich ist es ein Wunder, dass meine Eltern ihre interkulturelle Ehe mit ihren völlig unterschiedlichen Arten, miteinander zu sprechen, über so viele Jahrzehnte aufrechterhalten konnten und heute mehr denn je ineinander verliebt sind.

Auf eines war ich allerdings stets neidisch: Bei meinen Eltern war die Identität zumindest hinsichtlich ihrer Herkunft klar. Meine Mutter war Brasilianerin, mein Vater Deutscher. Nur für mich gab es keinen Blueprint. In meinem Freundeskreis war niemand «Deutsch-Brasilianerin», und so hatte ich keine Ahnung, wie ich mich verhalten sollte. Ich suchte nach einem Vorbild, einer Identifikationsfigur, doch ich fand keine. Statt Zugehörigkeit empfand ich Einsamkeit. Ich vermittelte oft zwischen meinen Eltern, wenn sie mal wieder aneinander vorbeiredeten. Doch damals habe ich dieses multikulturelle Denken nicht als Stärke empfunden, sondern bloß gemerkt, dass ich beide Kulturen in mir trug, aber mich zu keiner komplett zugehörig fühlte. Zwischen den Stühlen verlor ich den Zugang zu mir selbst.

Mit dieser Erfahrung als «Third Culture Kid» bin ich nicht allein. 35 Prozent aller Familien haben in Deutschland einen Migrationshintergrund, somit wächst fast jedes vierte Kind mit mehr als einer Sprache und Kultur auf.[80] Zwar gelten

Third Culture Kids als besonders tolerant, selbstbewusst und interessiert, weil sie mehr als eine Weltanschauung kennen und mehr Weitsicht zeigen, allerdings kennen auch viele von ihnen das Gefühl, sich nirgends wirklich zu Hause zu fühlen. Auch die Traurigkeit darüber, immer einen Anteil zurücklassen zu müssen, wenn man in ein anderes Land geht, kann prägend sein. Diese Umstände können zu einer gewissen Rastlosigkeit führen, die ich gut kenne.[81] Das Rennen, das Suchen, das Sich-beweisen-Wollen – ich erzählte dir davon.

Erleichterung empfand ich, als ich einen DNA-Test machte, bei dem das Erbgut auf die genetische Herkunft untersucht wird. Dieser ergab, dass ich zu 37 Prozent Portugiesin, zu 29 Prozent Russin, zu 23 Prozent Deutsche, zu 4 Prozent Südamerikanerin, zu 3 Prozent lateinamerikanische Ureinwohnerin und zu jeweils 2 Prozent Kamerunerin und Nigerianerin bin. Ich sag's doch: Ich bin ein kunterbuntes Einhorn!

Bei der Auseinandersetzung mit meiner Familiengeschichte wurde mir bewusst, dass in den Familien meiner Eltern kaum jemand in der Stadt gestorben war, in der er oder sie geboren wurde. Wir sind so etwas wie europäisch-südamerikanische Nomaden, ich darf mich guten Gewissens als Weltbürgerin labeln. Als ich das verstand, fiel mir ein Stein vom Herzen. Anscheinend war es doch nicht so, dass ich undankbar, rastlos oder zu wenig anpassungsfähig bin. Ich bin schlichtweg auf der Suche nach dem Ort, an dem ich mich am wohlsten fühle. Und es ist ein unglaubliches Geschenk, in einer Welt leben zu dürfen, in der genau das möglich ist. Ich kann auswandern, umziehen und auf die Suche gehen, ich darf auf mein Gefühl hören und mich umorientieren. Neue Runde, neues Glück. Unsere Lebensentscheidungen sind nicht in Stein gemeißelt.

Wir dürfen ausprobieren, Fehler machen, von vorn beginnen. *It's better to try and fail than fail to try.*

Ein wichtiger Teil meiner Identitätssuche drehte sich um meine Behinderung. Soll ich diese als einen wichtigen Teil meiner Persönlichkeit sehen? Oder ist sie nur eine Randerscheinung und definiert mich nicht? Einerseits weiß ich, dass ich *mehr* als meine Sehbehinderung bin, andererseits hat der Umgang mit ihr mich viel gelehrt, und vielleicht wäre ich ohne sie eben doch ganz anders. Wenn du mir heute begegnen würdest, würdest du vielleicht anfangs gar nicht merken, dass ich kaum etwas sehen kann. Wenn ich den Raum kenne, in dem ich mich befinde, habe ich eine Art Karte im Kopf. Ich bewege mich meist mühelos hindurch. (Zugegeben: nicht immer. Glastüren sind meine natürlichen Feinde. Autsch!) Bei Gesprächen kann ich mein Gegenüber zwar nicht fixieren, ansonsten wirst du aber weder anhand meiner Art zu sprechen noch anhand der Inhalte, über die ich rede, etwas bemerken. Und das ist keine Performance, die mich Kraft kostet, sondern so lebe ich einfach. Ich fühle mich im Alltag nicht behindert, und damit überrasche und verwirre ich Menschen. Manchmal sogar mich selbst. Weil ich auch als Paradebeispiel einer Frau mit Behinderung nicht so recht tauge.

Alles ziemlich frustrierend, sag ich dir. Ich fand für mein Leben kein Role Model, dem ich nacheifern konnte. Ich empfand mich auch nicht als Role Model für andere.

Es ist spannend, dass wir im Außen nach Role Models und Vorbildern suchen. Wir messen uns mit anderen und haben immer wieder das Gefühl, im Vergleich zu verlieren und nicht dazuzugehören.

Kennst du das auch? Wir haben Bilder im Kopf, wie wir zu sein haben - als Tochter oder Sohn, als Freund, als Arbeitnehmerin, als Chef, als Mutter oder Vater, als Partnerin. Wir schauen, wie andere das machen, und eifern ihnen, so gut es geht, nach.

Diese Performance ist ein Bild, das wir der Öffentlichkeit präsentieren. Wir nehmen einen Job an, der gut wirkt. Tragen Klamotten, die angesagt sind. Und Himmel, es mag ja sein, dass frischer Selleriesaft am Morgen gesund ist, aber wer trinkt das Zeug denn ernsthaft täglich mit Genuss und einem guten Gefühl? Geht es da nicht vielmehr um das Bild eines besonders gesundheitsbewussten Menschen, dem man entsprechen will?

Frage dich, ob du Dinge wirklich für dich tust oder um einer gewissen Außenwahrnehmung zu entsprechen und im Vergleich mit anderen mithalten zu können.

Ich weiß, wie schwierig es ist, sich davon zu befreien. Denn wenn du aus einer Laune heraus allen den Mittelfinger zeigst und beschließt, nur noch dein Ding durchzuziehen, stellt sich nach einer Weile ein Gefühl des Alleinseins ein.

Die Wahrheit ist: Du brauchst andere Menschen, um glücklich zu sein. Aber es gibt eben nicht nur diese zwei Wahlmöglichkeiten: mitmachen oder allein sein. Du kannst Beziehungen eingehen und gleichzeitig in Verbindung mit dir selbst bleiben. Du musst deine Werte nicht den vermeintlichen Anforderungen von außen opfern. Du darfst erkennen, dass deine Identität keine «Entweder-oder»-Entscheidung ist. Und vergiss nicht: Auch hier gilt das Konzept des dynamischen Selbstbildes von Carol Dweck.[82] Du «bist» nicht. Du warst, du wirst, du veränderst dich. Deine Identitätssuche kann nie beendet sein, das wäre ein starres, unrealistisches

Mindset. Also sei offen, beobachte dich selbst und bleibe neugierig, wer du noch sein kannst!

Ich bin nicht Entweder-oder

Ich bin nicht leicht einzusortieren und kann mich auch mit politisch engagierten Menschen, die für mehr Inklusion kämpfen, nicht immer identifizieren, da einige von ihnen zum Entweder-oder-Denken neigen. Ich glaube, dass dieses «Lagerdenken», dieses «für oder gegen mich», eine Spaltung befeuert, die Inklusion verhindert.

Brené Brown hat in ihrem Buch *Entdecke deine innere Stärke* eine wichtige Unterscheidung gemacht: Auf der einen Seite gibt es Themen, bei denen Neutralität den Peinigern hilft und den Opfern schadet. Manchmal braucht es Menschen, die die Stimme erheben, um Ungerechtigkeiten zu beenden. Doch auf der anderen Seite werden diese zwei Pole oftmals so emotional, ausweglos und weit voneinander entfernt dargestellt, dass unsere Ängste aktiviert werden. Vor allem die «Angst, nicht dazuzugehören, als falsch oder gar als Teil des Problems betrachtet zu werden».[83]

Es fühlt sich einfacher an, sich auf eine Seite zu schlagen. Wir fühlen uns aufgehoben und zugehörig, können uns von den Menschen um uns herum immer wieder bestätigen lassen, dass wir im Recht und die anderen im Unrecht sind. Die gegen uns. Wir gegen die.

Das Entweder-oder-Denken zu überwinden, erfordert Mut und kritisches Denken.[84] Die Weigerung, sich auf eine Seite zu schlagen, erzeugt leider oft Missmut. Menschen neigen zu dem Gedanken: Wenn du nicht für mich bist, dann bist du gegen mich. Doch das stimmt nicht. Im Gegenteil: Eine gesunde Skepsis funktioniert wie ein «Bullshit-Detektor», wie Brené Brown so schön sagt. Denn in den allermeisten Fällen gibt es zwischen Schwarz und Weiß Millionen Grauabstufungen. Nur durch Debatten, Diskussionen und Fragen können wir Probleme wirklich lösen, diese Graustufen erkennen und Kompromisse finden. Wer versucht, Menschen zum Schweigen zu bringen und ihr kritisches Denken durch vermeintliche Alternativlosigkeit zu unterdrücken, schafft den Nährboden für unzivilisiertes Verhalten. Schwarz-Weiß-Denken ist in den meisten Fällen Bullshit.

Der Autor und Speaker Reza Razavi beschreibt in seinem Buch *Die Magie der Transformation*, dass wir uns viel zu sehr daran gewöhnt haben, Widersprüche als Fehler zu betrachten. Wir fordern die Eindeutigkeit von Begriffen, die Widerspruchsfreiheit von Aussagen und denken, dass bei einem vollständigen Widerspruch eine Seite richtig sein muss (und es keine dritte Möglichkeit gibt).[85]

Das Festhalten an dieser Denkweise kann erschreckende Auswirkungen haben. Denken wir nur an Kriege, an Massenvergewaltigungen, an Völkermorde, die auf Gedanken wie «Die oder wir» beruhen.

In seinem Buch *The Brain* erklärt David Eagleman, dass unser Gehirn die Fähigkeit hat, emotionale Reaktionen abzuschwächen, ja sogar eine Abspaltung zu kreieren. So können Menschen ihre eigene Familie lieben und eine andere Familie in Kriegssituationen töten. «Die emotionalen Systeme, die unter normalen Umständen soziale Entscheidungen lenken, sind ausgeschaltet.»[86] Man nennt das das E-Syndrom[87].

Erschreckenderweise braucht es nicht viel, um ein Gefühl

von Zugehörigkeit zu schaffen, die dieses E-Syndrom möglich macht. Eagleman beschreibt ein Experiment, bei dem Menschen dabei zusehen, wie eine menschliche Hand von einer Spritze gepikt wird. Allerdings wurden die Hände jeweils mit der Information versehen, welcher Religion dieser Mensch angehörte. Tatsächlich reichte allein diese Beschriftung der Hand, um signifikante Unterschiede im Mitgefühl zu messen. Für Menschen aus dem gleichen «Team», also aus der eigenen Religion, empfanden die Teilnehmenden sehr viel mehr Mitgefühl als für andere.

Ein weiteres Experiment zeigte, dass soziale Schaltkreise im Gehirn, vor allem im medialen präfrontalen Cortex, kurz MPFC, beim Anblick von Obdachlosen oder Drogenabhängigen gar nicht erst aktiviert wurden. Unser Gehirn entmenschlicht diese Personen und verarbeitet sie in unserer Wahrnehmung vielmehr wie Gegenstände.

Wir müssen aktiv dagegen angehen, dass diese Funktion in unserem Gehirn anspringt. Schon Kindern müssen wir beibringen, dass Gruppenzugehörigkeit oftmals auf willkürlichen Anforderungen basiert und nicht unbedingt der Wahrheit entspricht. Wir sollten Kinder und uns selbst immer wieder im kritischen Denken schulen und unseren Bullshit-Detektor bewusst mitlaufen lassen.

Ich weiß allerdings auch, wie schwer es ist, Kritik zu üben, wenn wir Bullshit erkannt haben. Es erfordert Mut. Gerade weil die «Du bist mein Freund oder mein Feind»-Menschen oft so überzeugend und mächtig wirken. Weil es Hierarchien gibt, die uns einschüchtern. Und weil Widersprüche und Kritik so schwer auszuhalten sind.

Doch genau in diesen Momenten brauchen wir Skepsis.

Amy Edmondson erklärt in ihrem TEDx Talk «Building a psychologically safe workplace»,[88] dass wohl keiner von uns morgens aufsteht und als ignorant, inkompetent, aufdringlich oder negativ wahrgenommen werden möchte. Damit das klappt und wir in Sicherheit bleiben, stellen wir keine Fragen, geben keine Fehler zu, teilen keine neuen Ideen und äußern keine Kritik am Status quo. Diese Strategie funktioniert - zumindest, um uns davor zu schützen, negativ aufzufallen. Doch sie verhindert auch, dass wir und alle Menschen um uns herum dazulernen. Und: Du wirst zwar nicht als aufmüpfig wahrgenommen, aber eben auch nicht als kritisch denkender Mensch.

Ich hatte mal ein Erlebnis, bei dem ich diese Fähigkeit, kritisch zu sein und zu bleiben, üben konnte. Damals war ich festangestellt, meine Teammitglieder und ich hatten eine Gehaltserhöhung zugesagt bekommen. Doch als ich die Vorgesetzte nach einiger Zeit darauf ansprach, wusste sie plötzlich von nichts. Es gab ein Gespräch mit einer Personalreferentin, in dem die Vorgesetzte wieder betonte, dass sie sich nicht an eine solche Aussage erinnere. Ein anderer Vorgesetzter hingegen stellte sich auf meine Seite. Er teilte eine Mail, aus der hervorging, dass genau diese Gehaltserhöhung tatsächlich zugesagt wurde.

Ich trommelte meine drei Kolleginnen und Kollegen zusammen, und wir vereinbarten ein Meeting mit der Personalabteilung, dem CFO und dem Betriebsrat. Als es dann so weit war und wir zusammensaßen, hatten meine Kolleginnen und Kollegen plötzlich stressbedingte Amnesie und sagten, bei ihnen sei alles okay mit dem Gehalt. Die Gehaltserhöhung war kein Thema mehr. Ich dachte, ich höre nicht richtig. Nun war ich die Einzige bei diesem ganzen Treffen, die darauf pochte, dass es dieses Versprechen gegeben hat. Natürlich war es hart weiterzukämpfen, doch ich sah mich im Recht. Es gab sogar die E-Mail, in der alles stand.

Also ging ich zum Geschäftsführer und schilderte ihm die Situation. «Ich bilde mir das nicht ein», betonte ich ruhig. «Ich denke mir das nicht aus.»

Ich war allein. Aber ich stand für mich ein. Und ich bekam recht. Die Personalleitung erhielt schlussendlich eine Abmahnung, meine Teammitglieder und ich die versprochene Gehaltserhöhung. Endlich.

Zugegeben: Es lag auch am Geschäftsführer, der mir Glauben geschenkt, und an dem Vorgesetzten, der mir die Mail geschickt hat, um mir einen Beweis an die Hand zu geben, obwohl er das nicht hätte tun dürfen und Ärger kassierte.

Doch ich glaube, dass wir trotzdem probieren sollten, ein Umfeld zu schaffen, in dem jeder für das eigene Recht einstehen darf. In dem wir uns sicher fühlen und Sicherheit schaffen, damit nicht plötzlich aus Angst die Amnesie einsetzt, wenn «die hohen Tiere» mit im Meeting sitzen. Jeder Schritt, mit dem wir versuchen, ein positiveres Umfeld zu schaffen, zählt.

Kennst du diesen Moment, wenn du in einer Präsentation einen Begriff nicht verstehst, dich umguckst, alle selbstsicher und klug aussehen und du dir heimlich den Begriff notierst, um ihn später nachzuschlagen? In diesem Moment willst du dich davor schützen, dass andere dich für inkompetent, ungebildet oder gar dumm halten.

Aber allein die Tatsache, dass wir alle diesen Moment kennen, ist doch Beweis genug dafür, lieber gleich nachzufragen.

Es würde nicht nur uns selbst helfen, sondern mit hoher Wahrscheinlichkeit auch anderen Personen im Raum. Vielleicht kennt die Hälfte der Zuhörenden diesen Begriff auch nicht und setzt nur einen wissenden Blick auf, während sie unter dem Tisch googelt. Und selbst die, die vielleicht dachten, dass sie alles verstünden, würden durch die Antwort meist noch etwas dazulernen.

Das waren Beispiele aus dem Arbeitsumfeld - ähnliche Erfahrungen machen wir aber in zahlreichen Lebenssituationen. Ich kenne das Gefühl, in Beziehungen immer genau zu überlegen, ob und wie ich Kritik äußern darf, nur zu gut. Ich habe jahrelang herumgedruckst und mir damit im Endeffekt selbst das Leben schwer gemacht. Sogar als ich Jake kennenlernte, der mir immer wieder deutlich gemacht hat, dass er mich so liebt, wie ich bin, beobachtete ich an mir selbst merkwürdige Verhaltensweisen.

Ein praktisches Beispiel aus unserem Alltag: Wenn Jake und ich konzentriert an unseren Rechnern saßen und sich der Hunger bei mir meldete, begann ich immer herumzuschleichen. Ich fragte, ob Jake vielleicht, eventuell und unter Umständen demnächst etwas essen wolle. Anstatt mir einfach ein Rührei zu braten und ihn zu fragen, ob er auch eins wolle. Wieso machte ich mir das Leben so schwer? Wieso tanzte ich auf Eierschalen?

Ich schaffe es nun zunehmend häufiger, den einfachen Weg zu nehmen und bei mir zu bleiben, statt mich nach den Bedürfnissen von außen zu richten. Viele Wege führen nach Rom, sagt man - ich bin gefühlt immer über China gegangen, um anzukommen. Heute versuche ich es auf direkterem Wege.

Wenn Jake keinen Hunger hat, ist das seine Sache. Deshalb muss ich nicht wie eine hungrige Katze um ihn herumschleichen und verzichten. Ich kann meine eigenen Bedürfnisse kommunizieren und trotzdem flexibel und tolerant bleiben. Lange dachte ich, dass sich diese Dinge gegenseitig ausschließen und ich ein besonders guter Mensch sei, wenn ich höflich bin und mit allem gut leben kann. Doch das ist Schwachsinn, wenn ich mich dabei immer wieder hintanstelle.

Ich weiß, dass es schwieriger wird, wenn es um mehr als Rührei geht. Menschen zu kritisieren und ihnen zu sagen, dass ich ihr Verhalten nicht gutheiße, fällt mir auch nicht leicht. Deshalb kläre ich inzwischen in jeder Beziehung - sei es nun privat oder beruflich - den Umgang miteinander. Dabei ist mir wichtig zu betonen: «Wenn ich ein Verhalten, ein Arbeitsergebnis oder eine Aussage kritisiere, dann kritisiere ich ein Verhalten, ein Arbeitsergebnis oder eine Aussage. Mehr nicht. Ich kritisiere weder deine Persönlichkeit noch deinen Wert als Menschen. Du bist großartig. Auch wenn Lina rummäkelt.»

Andersrum finde ich auch selbst einen zunehmend besseren Umgang mit Kritik von außen. Denn diese gehört zum Zusammenleben dazu und sollte nicht meinen Selbstwert infrage stellen. Manchmal tut sie es natürlich doch. Aber dann gehe ich in meiner nächsten Coaching-Session genau darauf ein, habe wieder ein bisschen mehr über mich selbst und meine Stolperfallen gelernt und kann beim nächsten Mal üben, es besser zu machen.

Frage auch du dich, ob du in einem sicheren Umfeld lebst, in dem du kritisches Denken praktizieren kannst, ohne dafür an den Pranger gestellt zu werden. Kannst du in deiner Beziehung über alles sprechen? Darfst du in deiner Familie so sein, wie du bist? Welchem Bild versuchst du zu entsprechen? Wann hast du zuletzt Kritik geäußert? Wie fühlt sich Kritik für dich an?

Ich glaube, dass wir mit einem menschlichen Umgang miteinander sichere Orte schaffen, in denen es möglich ist, uns vom Entweder-oder-Denken zu befreien und unsere Identität in erster Linie anhand des Menschseins zu definieren, statt uns für Extreme entscheiden zu müssen.

So lernst du, mit Kritik umzugehen

1. *Quelle checken.* Wenn du dich durch Kritik verunsichert fühlst, schau wie ein Forscher die Quelle der Kritik an. Hat sie oder er überhaupt die Kenntnis, die es braucht, um dich qualifiziert zu kritisieren? Hat die Kritik vielleicht mehr mit der aktuellen Situation der anderen Person zu tun als mit deinem vermeintlichen Fehlverhalten? Möchtest du dieser Person die Erlaubnis geben, dich zu kritisieren?

2. *Nicht jedes Feedback ist ein passendes Geschenk.* Wir bekommen nicht immer die Kritik, die wir brauchen, sondern die, von der andere meinen, dass wir sie brauchen. Und genau wie ein (unpassendes) Geburtstagsgeschenk können wir Kritik annehmen und uns bedanken, danach aber entscheiden, was wir damit machen. Willst du Teile der Kritik behalten und damit arbeiten? Stellst du sie in die Ecke für einen späteren Zeitpunkt? Oder schmeißt du sie in den Müll? Egal, wofür du dich entscheidest: Alle Entscheidungen sind in Ordnung, wenn du sie bewusst triffst.

3. *Übung macht den Meister.* Oft überrollt uns Kritik aus dem Nichts. Deshalb ist es sinnvoll, in Übung zu bleiben. Stelle dich einer anderen Person gegenüber und sagt euch, was ihr aneinander mögt. Danach sagt ihr euch, welche Veränderung ihr euch wünschen würdet. Kritikfähigkeit - ohne dabei sofort persönlich angegriffen zu sein - lässt sich gut üben.

4. *Das reinigende Gewitter.* Manchmal kracht es in der Gruppe, im Team oder in der Clique, doch all der Groll bleibt ungesagt und vergiftet die Luft. In diesem Fall sollte der Elefant im Raum benannt und angesprochen werden. Alle dürfen sich fünf Minuten lang auskotzen und alles loswerden - ohne dass jemand reagiert oder sich verteidigt. Alle hören aktiv zu, mehr nicht. Idealerweise wird dieses Schimpfgewitter von einer externen Person begleitet, die die Kernaussagen festhält und darauf achtet, dass das Gewitter auch wirklich die Luft reinigt. Ist erst mal alles raus, fühlt es sich leichter an.

5. *Aus Antreibern werden Coaches.* Wenn du von außen Kritik bekommst, springen auch in dir innere Kritiker und Antreiber an. «Mach es allen recht», «Streng dich an», «Beeil dich», «Sei stark», «Sei perfekt» und so weiter - na, kommt dir das bekannt vor? Wenn du diesen Effekt bei dir selbst beobachten kannst, darfst du einschreiten und sagen: Stopp. Ich will mich nicht selbst fertigmachen, sondern lernen. Du kannst die inneren Kritiker in Coaches umwandeln.

• So wird aus «Mach es allen recht» der Coach, der dich lehrt, empathisch und für andere da zu sein, ohne dich selbst aufzugeben.

- Aus dem Sklaventreiber, der dir immer sagt «Beeil dich», wird der Coach, der dir dabei hilft, fokussiert zu bleiben und dein Zeitmanagement zu optimieren.
- Wenn du unter deinem Perfektionismus leidest, sieh diesen als Coach an, der keine unerreichbaren Ziele anstrebt, aber dir zeigt, wie schön es ist, das bestmögliche Ergebnis anzustreben und auf diesem Weg viel zu lernen.
- Aus dem Antreiber, der dir «Sei stark» zuruft, kannst du den Coach machen, der dich an deine Entschlossenheit erinnert - dabei sollte es aber um deine Werte gehen und nicht um die Erwartungen anderer.
- Und aus dem strengen «Streng dich an» wird der Coach, der dich daran erinnert, dass du immer dann am besten bist, wenn du deine Ressourcen optimal nutzt.

Identität als Wimmelbild

Richard David Precht veröffentlichte 2007 das Buch: *Wer bin ich - und wenn ja, wie viele?*[89] Dieser Buchtitel, der zum geflügelten Wort geworden ist, lässt mich seitdem nicht mehr los, weil er meine Gedanken so gut spiegelt.

Ich bin nicht Entweder-oder, nicht Brasilien oder Deutschland, nicht Gymnasium oder Realschule, nicht intro- oder extrovertiert. Ich bin von allem ein bisschen, mal mehr, mal weniger.

Auf die Frage nach meiner Identität sage ich inzwischen: «Kommt drauf an.» Ach, solche klaren, eindeutigen Antworten lieben wir doch, oder?

Aber so ist es eben: Bei der Frage nach Identität wird es niemals die eine Antwort geben. Bei dir genauso wenig wie bei mir. Ich habe unterschiedliche Rollen: Coach, Freundin, Ehefrau, Tante, Tochter, Autorin, Keynote-Speakerin. Ich bin allein anders als in Gruppen, in großen Gruppen anders als beim Treffen mit zwei Freundinnen. Sogar meine Tagesform kann mein Auftreten immens verändern. Wie habe ich geschlafen? Gab es ein gutes Frühstück?

Und: All meine Rollen sind nicht in Stein gemeißelt. Hier kommt wieder das Konzept des dynamischen Selbstbilds von Carol Dweck ins Spiel. Selbst wenn ich glaube, nun kapiert zu haben, wie ich ticke, verändern sich möglicherweise die Umstände – und schon entdecke ich neue Seiten an mir. Vielleicht entscheide ich mich auch bewusst dafür, dass ich ein Verhalten verändern oder ablegen will, und bin in einem Jahr wieder ein bisschen anders.

So wären Menschen, die mich seit drei Jahren nicht gesehen haben, heute vermutlich überrascht, wenn sie hören, dass ich keinen Tropfen Alkohol mehr anrühre. Ich habe immer gern und viel getrunken, war eine richtige Partylöwin. Heute feiere ich immer noch gern, aber ohne «Over-the-Top-Modus» und ohne Kater. Und ich weiß auch ruhige Abende viel mehr zu schätzen. Ich habe mich weiterentwickelt. Und trotzdem bin ich immer noch ich.

Meine Suche nach *der einen* Identität ist gescheitert. Ich habe keinen Blueprint für mein Leben gefunden, kein Role Model, das alles vereint, was ich in mir trage. Ich habe viele Role Models.

Mich inspirieren Menschen, die …

… Familie und berufliche Erfüllung in einer gesunden Balance zusammenbringen,

... ihre Meinung sagen und klar für sich und ihre Grenzen einstehen,

... für mehr als sich selbst einstehen und mutig Tabus brechen,

... souverän und verletzlich zugleich sind,

... zu ihren Entscheidungen stehen und Konsequenzen tragen,

... ihr eigenes Timing leben und ihre Bedürfnisse ernst nehmen,

... ihre Ideen zu globalen Bewegungen und Unternehmen aufbauen,

... sich trauen, sie selbst zu sein,

... es sich getraut haben, ihrem Talent und ihrer Berufung zu folgen, und damit ihren Work-Life-Flow gestalten,

... nach einer Niederlage aufstehen, sich das Krönchen richten und weitergehen, ohne anderen die Schuld zu geben.

Es gibt einige beeindruckende Menschen. Aber niemand lebt mein Leben. Und deshalb bringt es auch nichts, mich in meiner Gesamtheit mit ihnen zu vergleichen.

Das, was ich gefunden habe, sind meine Werte. Egal in welcher Rolle ich mich befinde, ob ich gerade mit meiner Nichte Bauklötze staple oder auf einer Bühne über Inklusion spreche, ich trage immer die gleichen Werte in meinem Herzen. Ich habe dir schon im Zusammenhang mit dem Thema Grenzen erklärt, dass du durch das Bewusstmachen deiner Werte deine Grenzen viel besser definieren und schützen kannst. Und auch hinsichtlich deiner Identität sind diese Werte das, was wesentlich ist. Ich sehe meine eigene Identität als Blüte. In der Mitte befinden sich meine Werte, außen herum, in den Blütenblättern, die vielen Ausprägungen dieser Werte.

Diese Vorstellung hilft mir nicht nur dabei, meine eigenen Widersprüchlichkeiten anzuerkennen, sondern auch mein Schubladendenken anderen gegenüber abzulegen. Denn wenn ich eine Person an einem fröhlichen Partyabend kennenlerne, bin ich mir vollkommen im Klaren darüber, dass ich an diesem Abend nur eine Rolle, nur ein Blütenblatt kennengelernt habe. Wenn du dieses Buch durchgelesen hast, entwickelst du einen Eindruck von mir, aber er wird nie mein gesamtes Ich abbilden. Wenn ich dir bei einer Lesung begegne und du mir von deinen Werten erzählst, weiß ich noch nicht, wie du diese Werte in deinen Lebenswelten lebst.

Ich kann Menschen nicht aufgrund eines Eindrucks einsortieren, sondern bleibe neugierig und lasse mich gern überraschen.

Finde deine Werte

Wenn dir deine Werte noch nicht bewusst sind, stell dir folgende Fragen:

1. Welche Eigenschaften sind dir bei anderen Personen wichtig?
2. Was ist dir in deinem Leben am wichtigsten?
3. Was ist «nicht verhandelbar» für dich?
4. Was ist für dich ein «guter Mensch»? Was macht ihn / sie aus?

Schreibe die Antworten auf und schau sie dir genau an. Ich bin mir sicher, du wirst selbst spüren, welche Werte dabei hervortreten.

Es gibt im Internet auch zahlreiche Werte-Listen und -Tests, bei denen du nach verschiedenen Verfahren am Ende deine Kernwerte herausfindest. Teste dich durch - so kommst du deinen persönlichen Werten immer näher.[90]

Hilfreich ist bei der Suche nach den eigenen Werten auch das Wertequadrat des Kommunikationspsychologen Friedemann Schulz von Thun.[91] Es besagt, dass jeder Wert in einem Spannungsverhältnis steht - Mut beispielsweise steht in Kontrast zur Vorsicht, die durchaus positiv belegt ist. Wer es mit dem Mut übertreibt, könnte in den Leichtsinn rutschen. Wer es mit der Vorsicht übertreibt, könnte in die Feigheit geraten.

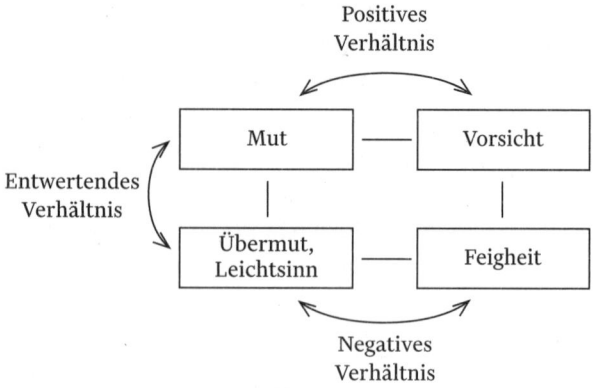

Wenn die Entwicklung in ein «zu viel des Guten» rutscht, also in die untere Ebene des Wertequadrats, sollte die Entwicklung jeweils diagonal nach oben stattfinden.

Wenn du ein bisschen zu mutig warst und mit deinem Leichtsinn auf die Nase fällst, solltest du üben, wieder vorsichtiger zu werden.

Wenn du spürst, dass du feige bist, versuche hier und da wieder mutigere Entscheidungen zu treffen. Dieses Pendeln im Wertequadrat ist völlig normal und menschlich – und es zeigt, wie unsere Werteorientierung Schwankungen unterliegt.

Akzeptanz und Veränderung

Ich sage dir: Allein der Schreibprozess dieses Buches hat in mir unglaublich viel bewegt. Ich habe getanzt und gezweifelt, in Coaching-Sessions herausgearbeitet, welche Zaubertrolle mal wieder aktiv wurden und worum es mir wirklich geht. Und ich habe jetzt erst so richtig verstanden, dass Akzeptanz und Veränderung keine Widersprüche sind.

«Das kuriose Paradoxon ist, wenn ich mich akzeptiere, so wie ich bin, dann verändere ich mich.»[92] Mit diesem Zitat des amerikanischen Psychologen und Therapeuten Carl Rogers beendet Dr. Leon Windscheid sein Buch *Besser fühlen* – und es ist für mich der entscheidende Gedanke, wenn es um Persönlichkeitsentwicklung geht. Es gilt eben nicht «Ich liebe mich so, wie ich bin, und möchte für immer so bleiben», aber auch nicht «Ich bin so eine Idiotin und muss dringend an mir arbeiten». Ich darf zwiespältig sein und fühlen, ich darf wüten und lieben gleichzeitig. Und du darfst das auch.

Vielleicht wirfst du deinen Eltern Dinge vor und liebst sie trotzdem.

Vielleicht weißt du, dass das vierte Stück Schokolade nicht mehr gesund ist, und isst es trotzdem.

Vielleicht kämpfst du für ein besseres Klima, aber fliegst trotzdem alle zwei Jahre mit dem Flugzeug in den Urlaub.

Sogenannte kognitive Dissonanzen gehören zum Leben dazu. Du wirst sie nicht auflösen können. «Widersprüchlich sein heißt Mensch sein. Und umgekehrt», fasst Atze Schröder in dem Podcast *Betreutes Fühlen* zusammen.[93]

Wir haben über die Jahre und Jahrzehnte eine Persönlichkeit entwickelt, doch manchmal tun wir Dinge, die unserer Persönlichkeit komplett widersprechen. Und das liebe ich so sehr am Menschsein. Diese Offenheit. Diese Zerbrechlichkeit. Diese Dissonanzen. Wir passen nie ganz rein, sind nie fertig, sind nie so ganz einzuordnen. Und wenn wir das akzeptieren, wenn wir die Widersprüchlichkeiten sehen und annehmen, dann verändern wir uns eben doch. Ganz automatisch. Nicht unbedingt in die eine oder andere Richtung innerhalb des konkreten Widerspruchs, sondern in unserem Sein. Weil wir eine andere Perspektive auf die Welt und die Menschen um uns herum entwickeln und Widersprüchlichkeiten besser aushalten können. Bei uns selbst und in unserem Umfeld.

Genau das entspricht dem dynamischen Selbstbild. Wir lernen ständig dazu und wachsen an unseren Erfahrungen. Unsichere Jugendliche können selbstbewusste Erwachsene werden, die auf großen Bühnen stehen.

Partysüchtige Workaholics wie ich können Coaches werden, die Bücher schreiben, keinen Tropfen mehr anrühren und meditieren.

Wir dürfen die Welt immer wieder neu entdecken, wach sein und die Magie sehen. Wenn wir aufhören, uns zu wundern, fangen wir an abzustumpfen.

Albert Einstein soll gesagt haben: «Es gibt zwei Arten, sein Leben zu leben: entweder so, als wäre nichts ein Wunder, oder so, als wäre alles ein Wunder.» Ich weiß nicht, ob dieses Zitat, das man auf diversen Zitate-Webseiten findet, richtig überliefert ist. Aber schön ist es allemal. Es ist wundervoll, die Welt jeden Tag neu zu entdecken, sich selbst neu zu entdecken und sich zu fragen: Was lerne ich heute?

Ich habe eine Freundin, die einen fünfjährigen Sohn hat. Sie erzählte mir, dass sie einen blöden Tag hatten - es ging viel schief, es gab viel Streit, sie fuhr aus der Haut, und sie begann, an ihrer Fähigkeit als Mutter zu zweifeln. Am Abend setzte sie sich erschöpft neben ihren Sohn auf das Sofa und legte den Arm um ihn, um wieder für etwas versöhnliche Stimmung zu sorgen.

«Puh», seufzte sie. «Heute war ein doofer Tag, oder?»

«Ja, Mama», sagte ihr Sohn, lächelte und zuckte mit den Schultern. «Aber dafür haben wir wieder viel gelernt.»

Als sie mir von diesem Satz erzählte, traten ihr die Tränen in die Augen, und sie sagte leise: «Ich glaube, ich habe doch nicht alles falsch gemacht.»

Wir begegnen uns als Menschen

Dissonanzen hin oder her - eines haben wir alle gemeinsam: das Menschsein. In dieser Hinsicht sind wir alle gleich. Wenn wir uns in den Finger schneiden, ist das Blut rot. Wir müssen ein bestimmtes Sauerstoffgemisch atmen, um zu überleben, müssen essen, trinken und schlafen. Und wir alle brauchen Beziehungen, wollen dazugehören. Ja, die Welt ist komplex. Das menschliche Gehirn ist komplex. Doch die Basis, das Menschsein an sich, ist eigentlich gar nicht so schwierig. Alles, was wir wahrnehmen, sind Schichten und Filter unserer Identität, die wir über das Menschsein gelegt haben. Denn so viel uns auch unterscheidet - unsere Basis ist die gleiche. Dieser Gedanke sorgt in mir immer wieder für eine liebevolle Haltung mir selbst und anderen gegenüber. Auch die toughe, erfolgreiche Geschäftsfrau mit dem gestählten Körper muss irgendwann selig im Bettchen liegen und schlummern.

Aber natürlich ist unser Gehirn ein Filtersystem, das automatisch in Schubladen einsortiert. Deshalb kannst du bei einer lauten Sirene besonnen reagieren, zur Seite fahren und Platz machen, anstatt panisch zu überlegen, wo zur Hölle dieses Geräusch herkommt und was es bedeutet. Du hast ein Konzept entwickelt. Dein Gehirn aktiviert dieses Konzept sofort, wenn es eine Sirene hört, und weiß, was zu tun ist. Erst wenn du merkst, dass niemand anders zur Seite fährt und sich kein Rettungswagen nähert, checkst du, dass die Sirene aus dem iPad deines Kindes kam, das gerade ein Feuerwehr-Video anschauen darf. Es braucht eine Störung im System, um dein Konzept zu hinterfragen.

Ich versuche deshalb immer wieder, Raum für diese Störungen zu schaffen und sie bewusst mitzudenken. Wenn ich einer Person gegenübersitze, die wie eine Frau aussieht und eine weibliche Stimmlage hat, treffe ich die Annahme, dass sie sich als weiblich bezeichnen würde. Damit kann ich mich aber auch irren. Wenn ich weiß, dass diese Person ein Kind hat, habe ich noch keine Ahnung, wie sie zu traditionellen familiären Strukturen steht.

Es ist doch unglaublich spannend, auf Entdeckungsreise zu gehen und alle automatischen Annahmen unseres Gehirns zu hinterfragen. Denn unsere Wahrnehmung, unsere Emotionen und Annahmen sind von so vielen Dingen beeinflusst, dass wir sie nur selten als objektive Wahrheiten einordnen können.

Okay, du fragst dich wahrscheinlich gerade, wie das funktionieren soll, ständig und alles zu hinterfragen - das klingt nach einem großen zeitlichen Aufwand und einer hohen kognitiven Herausforderung. Anders gesagt: Es klingt unmöglich. Und du hast absolut recht. Wenn du ein Gehirn hast, hast du Vorurteile. Niemand kann sich völlig davon befreien.

Doch überlege dir, welchen Menschen du mit Offenheit begegnen willst, wer es wirklich wert ist, dass du ihr oder ihm Aufmerksamkeit und Zeit schenkst; deine wichtigsten Währungen. Schau dich in deinem Leben um. Lerne die Menschen, die du liebst, die dir jeden Tag begegnen, neu kennen. Deine Kolleginnen, deine Freunde, deine Familie, Leute aus der Nachbarschaft, die du magst. Frag bei den Menschen, die dir wichtig sind, mehr nach.

Mir ist es auch schon passiert, dass ich Menschen in falsche Schubladen gesteckt habe. So war ich beispielsweise vor einigen Jahren als Moderatorin auf einer mehrtägigen Konferenz gebucht. Mein Hauptansprechpartner war ein sehr eloquenter, höflicher junger Mann, der so einfühlsam und empathisch war, dass ich davon ausging, dass er homosexuell war. Als ich ihn nach seinem Lebenspartner fragte, schaute er mich ziemlich verwirrt an. Uuups ... wie peinlich! Ich habe mich sofort entschuldigt - so konnte er mit meiner Fehleinschätzung gut umgehen. Es ist in Ordnung, Fehler zu machen, wenn wir diese dann auch zugeben. Meist ist es halb so schlimm, viele Diskussionen entstehen erst, wenn Menschen auf ihr «Recht» beharren und ihre Fehlbarkeit nicht zugeben möchten. Das ist schade. Denn wir alle haben Gehirne, die versuchen, Vorhersagen und Einordnungen zu treffen, deshalb ist es normal, dass uns dabei Fehler unterlaufen. Lasst uns doch darüber sprechen und gemeinsam unsere Vielfalt entdecken, um auch unsere Denkstrukturen vielfältiger zu gestalten.

Wären wir den Menschen gegenüber offen, mit denen wir echte Interaktionen haben, hätten wir schon so viel gewonnen.

Damit das funktioniert, brauchen wir Vertrauen. Denn ich kann dir nicht offen begegnen, wenn ich davon ausgehe, dass du mich nur für deinen eigenen Vorteil ausnutzen willst. Wenn ich Annahmen treffe und sie bemerke, kann ich sie mit dir teilen und darüber sprechen. Vielleicht sind die Annahmen richtig, vielleicht auch nicht. Doch nur wenn wir uns austauschen, können wir eine vorurteilsfreie Basis herstellen.

Es hilft zu wissen, dass wir vorkategorisieren. Wir alle werden in Fettnäpfchen treten und merken, dass unsere Annahmen Unsinn waren. Deshalb ist die Lösung aber nicht, Fettnäpfchen zu vermeiden und gar nichts mehr zu sagen, sondern ehrlich damit umzugehen, wenn wir in eins getreten sind, um dann voneinander und übereinander zu lernen.

Ich wurde beispielsweise einmal gebeten, meinen «Schwerbeschädigtenausweis» vorzulegen. Ich stutzte kurz und lachte dann: «Schwer beschädigt? Die Rückgabefrist für mich ist aber abgelaufen.»

Der Herr, der mich um meinen Ausweis gebeten hat, bemerkte seinen Versprecher und lief rot an. «Oh, Verzeihung. Ich meine natürlich den Schwerbehindertenausweis.»

Anstatt ihn zu verurteilen und ihm Ableismus vorzuwerfen, kamen wir ins Gespräch, und ich erfuhr, dass der Begriff «Schwerbeschädigtenausweis» tatsächlich bis in die Siebzigerjahre gängig war und erst dann durch den Schwerbehindertenausweis ersetzt wurde. So habe ich wieder etwas gelernt - und bedankte mich bei dem netten Herrn dafür.

Dieses Vertrauen ins Gute der Menschen ist es, das mir manchmal fehlt. Andere hätten den Mann vielleicht angebrüllt. Oder sie hätten nichts gesagt und eine Diskriminierung bei der zuständigen Stelle gemeldet. Und ja, es ist legitim, sich verletzt zu fühlen. Doch nicht alle Menschen sind von Grund auf schlecht und meinen es böse. Es ist in Ordnung, deine Verletzlichkeit zu kommunizieren, ohne den anderen dabei anzugreifen und sofort das Schlimmste von ihr oder ihm zu denken. Am Ende profitieren alle davon, wenn wir wohlwollender, ehrlicher und lösungsorientierter miteinander umgehen.

6.

All In(clusive):
Inklusion ist ein Grundrecht
aller Menschen,
kein Privileg von Minderheiten

Wir wollen dazugehören. Wir wollen geliebt und wertge-
schätzt werden, brauchen andere Menschen um uns herum,
mit denen wir uns austauschen können. «Ich ist zur Hälfte
andere», so der Neurowissenschaftler Eagleman. «Dein Gehirn braucht andere Menschen. Um normal zu funktionieren,
benötigt es ein soziales Umfeld. Unsere Gehirnzellen sind auf
die Gehirnzellen anderer Menschen angewiesen, um zu überleben und zu gedeihen.»[94]

Es ist also normal, nach Anerkennung im Außen zu suchen,
ja, es ist sogar wichtig für die Gesundheit unseres Gehirns.

Das Problem dabei ist: Wir nehmen unsere Umwelt immer
durch unsere eigene Brille wahr. Unser Gehirn braucht nicht
nur andere Menschen, sondern kreiert ständig Voraussagen
und Annahmen. In den letzten Jahren bin ich ein richtiger
Neurowissenschafts-Nerd geworden und habe mich viel mit
der Funktionsweise dieses spannenden Organs beschäftigt.
Eigentlich, um meine Krankheit besser zu verstehen. Denn
auch wenn meine Restsehfähigkeit bei nur vier Prozent liegt
und keine Besserung in Sicht ist, habe ich das Gefühl, von

Jahr zu Jahr besser zu sehen. Dieses verbesserte Sehen entsteht durch die Superkraft meines Gehirns, das die anderen Sinne verstärkt und durch meine Erfahrungen Konzepte kreiert. Wir sehen unsere Erfahrung der Wirklichkeit. Und dazu braucht es sehr viel mehr als gesunde Augen.

Im Zusammenhang mit dem Sehen erklärt David Eagleman, dass das Gehirn schon vor dem eigentlichen, physischen Prozess des Sehens eine Wirklichkeit kreiert, die dann nur noch mit den optischen Daten abgeglichen wird. Wenn du gleich hinter dich schaust, hat dein Gehirn schon vorher eine ziemlich genaue Vorstellung davon, was es dort sehen wird. Wenn du dich dann tatsächlich umdrehst, korrigiert es diese Vorstellung nur noch. Eigentlich wird also nur der «Fehler» in der Annahme nachgeschärft, du wirst dich nie ohne eine Vorab-Erwartung umschauen können. Das Bild im Kopf entsteht, bevor du es siehst.

Ziemlich bahnbrechend, oder? Deshalb kann ich besser «sehen», als die Messungen in der Augenklinik behaupten.

Und die noch viel krassere Erkenntnis: Es ist nicht nur beim Sehen so. Unser Gehirn kreiert nicht nur unsere visuelle, sondern unsere gesamte Wirklichkeit.

«Der Großteil Ihres Lebens spielt sich in einer erfundenen Welt ab», so die Neurowissenschaftlerin Lisa Feldman Barrett in ihrem Buch *Siebeneinhalb Lektionen über das Gehirn*.[95] Straßen-, Dorf- und Städtenamen, Landesgrenzen, Gesetze, Papierfetzen, die wir Geld nennen, digitale Währungen, die fließen und uns berechtigen, Waren mitzunehmen oder in Wohnungen zu wohnen, Buchstaben, die wir als Wörter lesen - all das ist eine ausgedachte Welt, die nichts mit der materiellen Welt zu tun hat. Feldman Barrett nennt sie die soziale Realität. Diese soziale Realität ist eng mit der materiellen

Realität verknüpft – deshalb schmeckt der «Biokaffee» besser als der Kaffee ohne Siegel, deshalb begegnen wir dem CEO eines Unternehmens anders als einem Verkäufer beim Discounter, deshalb wirken Placebos. Wir können der sozialen Realität nie entkommen.

Sogar die Einordnung unseres eigenen Körpers wird durch sie mitbestimmt. Nehmen wir ein flaues Gefühl im Bauch, eine leichte Übelkeit. Diese könnte entstehen durch:

- Nervosität vor einem Auftritt
- eine ungute Vorahnung, dass ein Mensch es nicht gut mit dir meint
- eine beginnende Verliebtheit, bei der die Schmetterlinge im Bauch alles durcheinanderbringen
- einen Magen-Darm-Infekt
- niedrigen Blutdruck oder eine Krankheit
- Medikamente
- Schwangerschaft
- Übermüdung
- zu wenig Essen
- zu viel Essen

Es ist doch absurd, dass das gleiche Gefühl je nach Lebenssituation so unterschiedlich eingeordnet werden kann und so unterschiedliche Emotionen auslöst. Lisa Feldman Barrett berichtet in ihrem Buch von einem Date, bei dem sie ein Flattern in der Magengegend als Interesse an dem Mann deutete – doch kurz darauf musste sie sich übergeben und mit einer Grippe ins Bett legen. Es war ein «Attributionsfehler» des Gehirns. Hätte sie das gleiche Gefühl zu Hause statt während eines Dates erlebt, wäre nicht der Gedanke «Ich habe Interesse an diesem Mann» entstanden, sondern: «Och nö, ich werde krank.» Weil unsere soziale Realität die Wahrnehmung der materiellen Realität immer mit beeinflusst.

Und hey, das ist eine echte Superpower, die uns Menschen auszeichnet und das Leben, das wir führen, mit dieser sozialen Realität, erst möglich macht. Schau dich mal um, was wir uns alles ausgedacht haben. Unsere Gehirne sind unglaublich faszinierend.

Sich diese Superpower bewusst zu machen, führt aber eben auch dazu, gewisse «Wahrheiten» zu hinterfragen. Denn wenn du weißt, dass fast alle Wahrheiten in deinem Kopf konstruiert werden - sogar Sinneseindrücke und Emotionen -, kannst du sie durchaus mit einer gewissen Skepsis betrachten und manchmal einen gesunden Abstand gewinnen, statt dich überwältigen zu lassen.

Kommen wir zurück zu der Tatsache, dass unser Gehirn andere Menschen braucht, um zu funktionieren. Auch über diese anderen Menschen haben wir Konzepte im Kopf, ordnen sie ein, nehmen ihre Handlungen und Aussagen auf die eine oder andere Weise wahr, geprägt durch unsere Erfahrungen und die daraus resultierenden Annahmen und Erwartungen (die wir viel zu selten mitkommunizieren). Missverständnisse und Konflikte sind also unausweichlich. Wenn wir uns aber immer wieder klarmachen, dass wir diese Konzepte im Kopf haben und unsere Realität selbst kreieren, können wir versuchen, sie aufzubrechen.

Sich mit mehr Menschlichkeit zu begegnen, bedeutet also auch zu wissen: Ich weiß, dass ich nichts weiß. Sokrates hatte die Angewohnheit, Menschen so lange mit Fragen zu löchern, bis sie sich ihrer Wahrheiten nicht mehr sicher waren.

«Vorher glaubtest du zu wissen und wusstest doch gar nichts. Und jetzt hast du ganz aus dir selbst dein Nichtwissen erkannt. Und das Erkennen des Nichtwissens ist der erste Schritt des wirklichen Fragens.»[96]

Ich will hier gar nicht zu sehr in Neurowissenschaft und Philosophie abdriften. Was ich dir aber mitgeben möchte: Glaub nicht alles, was du denkst. Dein Gehirn verkauft dir viele Konzepte als Wahrheiten, die gar keine sind.

Sprich mit Menschen, öffne dich und geh in Verbindung. In eine echte Verbindung. Sei authentisch. Authentisch im Sinne von Brené Brown, sodass du es schaffst loszulassen, wer du glaubst, sein zu müssen, und so sein darfst, wie du wirklich bist.[97] Mach dir bewusst, dass auch die Erwartungen von außen Konstrukte deines Gehirns sind und du erst im Austausch wirklich erfahren kannst, was andere Menschen sich wünschen. Glaub mir: Du wirst vermutlich kaum jemanden finden, die oder der Perfektion und selbstsabotierendes Verhalten erwartet. Es ist nicht das Ende der Welt, fehlerhaft zu sein (und eine Frage der Definition, was überhaupt Fehler sind). Jede von uns trägt viele Anteile in sich, die auf den ersten Blick unschön sind, die wir aber anschauen und akzeptieren dürfen. Erst mit der Akzeptanz von uns selbst können wir Teil einer inklusiven Gesellschaft sein.

Mein Wunsch ist, dass wir uns viel häufiger auf Augenhöhe, voller Neugier und Respekt begegnen, unsere Realitäten miteinander teilen und lernen, besser zu kommunizieren.

Wenn ich heute den *Kleinen Prinzen* lese, der 1943 erschienen ist, denke ich mir manchmal: Konnte der gute Herr de Saint-Exupéry hellsehen?! Da sind die Menschen auf den unterschiedlichen Planeten, gefangen in ihrer Sinnlosigkeit, die allein und einsam im Weltraum leben. Manchmal fühlt es sich an, als seien auch hier auf der Erde viele Menschen auf ihrem eigenen Planeten. Sie sprechen mit niemandem über ihre wahren Emotionen, übernehmen keine Verantwortung für ihr eigenes Denken und Handeln, hinterfragen nicht. Genau diese Dinge wünsche ich mir jedoch so sehr.

Es reicht, wenn wir alle jeden Tag das Beste geben, auch wenn das manchmal nicht viel ist. Es gibt Scheißtage und gute Tage. Du musst nicht perfekt sein, du darfst in alte Muster verfallen, du darfst dir Serienmarathon-Tage gönnen. Aber steh jeden Tag auf und versuche aufs Neue, die Welt zu einem besseren Ort zu machen. Ich tue das. Und es fühlt sich nicht anstrengend, sondern richtig, richtig gut an. Tanze. Küsse. Iss. Lache. Renne. Bleib stehen. Leg dich hin. Es ist so geil, dieses Leben.

Das Ding ist: Eigentlich reden wir ja schon so viel mehr über all das als früher. Ich erwähnte bereits die Purpose Chaser, die Fragen der Sinn- und Identitätssuche. Doch momentan konzentrieren sich diese Themen oftmals auf einzelne Personen. Egal ob es nun dein Chef, deine Ehefrau oder der Promi-Guru ist, bei dem du ein teures Retreat gebucht hast – diese einzelnen Personen sollen alles sein. Berater, Coach, bester Freund und Therapeut, vielleicht noch Liebhaber, und, na klar, sinnstiftend müssen sie sein.

Ein ziemlicher Druck, der auf einzelnen Menschen lastet. Um das zu vermeiden, dürfen wir in Gemeinschaft denken. Es gibt den Spruch «Es braucht ein ganzes Dorf, um ein Kind aufzuziehen». Das gilt nicht nur für die Kindererziehung, sondern für unser gesamtes Sein.

Wir sind in unserer individualistischen Gesellschaft leider auf Abwege geraten und suchen uns einzelne Menschen, die alles erfüllen, die in jeder Hinsicht perfekt sein sollen. Und wenn uns diese Person enttäuscht, wird sie gecancelt. Wenn du selbst diese Person bist, machst du dich nieder, weil du nichts auf die Reihe kriegst.

Ich erinnere noch einmal an das Wettrennen, mit dem Inklusion häufig verdeutlicht werden soll. Doch das funktioniert nicht. Wir sind Herdentiere. Viele lustige, bunte, glitzernde Einhörner und Wunderwesen, die alle ihre eigene konstruierte Realität im Kopf haben und sich gegenseitig brauchen. Ist das nicht schön?

Im Ernst: Es ist wichtig, die Verantwortung für eine inklusive Gesellschaft auf alle Schultern zu verteilen. Wir sollten uns um die Menschen um uns herum kümmern und Verantwortung füreinander übernehmen. Genau wie für uns selbst. Staffellauf statt Wettbewerb. Oder ein Picknick in der Mitte des Sportplatzes, das wäre vielleicht noch besser.

Im *Kleinen Prinzen* heißt es:

«Man lernt nur die Dinge kennen, mit denen man sich vertraut macht. […] Die Menschen haben keine Zeit mehr, irgendetwas kennenzulernen. Sie kaufen alles bei Händlern. Aber da es keine Händler für Freunde gibt, haben die Menschen keine Freunde mehr.»[98]

Es geht um Zeit, die wir in Freundschaften und Gespräche investieren, in Beziehungen und in Dinge. Wir dürfen unsere Prioritäten neu ordnen.

Ich habe in den letzten Jahren gelernt, dass ich mich jeden Tag aus vollem Herzen aufs Neue für mein Leben entscheiden will. Ich möchte neugierig sein, mir Zeit nehmen für Menschen, die mir viel bedeuten, möchte dazulernen, mich verändern, hinschauen und bewusst leben. Ich möchte mich nicht mehr kleinmachen im Vergleich mit anderen, sondern meine Individualität wertschätzen. Denn wir alle sind einmalig und wertvoll. In uns steckt so viel. In dir, in mir, in allen Menschen um uns herum.

Der Kleine Prinz hat eine Rose auf seinem kleinen Planeten und ist im ersten Moment enttäuscht, als er sieht, dass es auf der Erde noch Abertausende andere Rosen gibt. Doch dann versteht er, dass seine Rose dennoch einzigartig ist. Er hat sich Zeit für sie genommen. Sie ist ihm vertraut, er hat sie gegossen und vor dem Wind geschützt, er hat ihr zugehört und mit ihr gesprochen. Es geht nicht um den Vergleich mit anderen, nicht um den Wettbewerb, nicht um Masse. Es geht um diese Beziehung, die erst entstehen kann, wenn wir uns Zeit nehmen und uns verbinden. Das macht uns einzigartig. Dann können wir wirklich mit dem Herzen sehen.

Anmerkungen

Vorwort

1 Antoine de Saint-Exupéry: Der Kleine Prinz, München: Anaconda Verlag, 2015, 2022, S. 71.

1. Authentisch leben:
Warum es nicht so leicht ist, du selbst zu sein

2 Wikipedia.de: Authentizität. URL: https://de.wikipedia.org/wiki/Authentizit%C3%A4t (Stand: 04.09.2023)

3 Demuth, Volker auf Deutschlandfunk.de: Der Hype um die Authentizität (05.02.2023). URL: https://www.deutschlandfunk.de/der-hype-um-die-authentizitaet-100.html (Stand: 04.09.2023)

4 Spektrum.de: Authentizität. URL: https://www.spektrum.de/lexikon/psychologie/authentizitaet/1771 (Stand: 04.09.2023)

5 Brené Brown: Die Gaben der Unvollkommenheit, Bielefeld: Kamphausen Media GmbH, 9. Auflage, 2021, S. 92.

6 Ebd., S. 93.

7 18-40-60 Rule. URL: https://www.youtube.com/shorts/xpvzEWL51k4 oder https://www.instagram.com/p/CPuUFBQgT-Y/?hl=de (Stand: 04.09.2023)

8 Workday: Globale Diversity-Umfrage von Workday zeigt: Budgets für D&I-Initiativen in Organisationen steigen, doch die strategische Umsetzung stockt aufgrund fehlender Daten (16.11.2022). URL: https://de-de.newsroom.workday.com/2022-11-16-Globale-Diversity-Umfrage-von-Workday-zeigt-Budgets-fuer-D-I-Initiativen-in-Organisationen-steigen,-doch-die-strategische-Umsetzung-stockt-aufgrund-fehlender-Daten (Stand: 11.10.2023)

9 Schröder, Atze und Dr. Windscheid, Leon (27.08.2023): Warum will

ich von allen gemocht werden? Mit Matze Hielscher (Podcast). In: Betreutes Fühlen. URL: https://open.spotify.com/episode/ 3re7hoCJZGvFakocMOleUI?si=g2fH8QSYQpKFrnSi3v9Pcw (Stand: 04.09.2023)

10 Dr. Mort, Sophie: Anleitung für dein Leben, München: Penguin Random House, 2022, S. 248.

11 Bock, Petra: Der entstörte Mensch. Wie wir uns und die Welt verändern, München: Droemer Knaur, 2020, S. 107.

12 Ebd., S. 112.

13 Ebd., S. 113 ff. und S. 123 ff.

14 Ebd., S. 121.

15 «Sparkassen Werbung: Mein Haus, mein Auto, mein Boot» (hochgeladen: 13.03.2018). URL: https://www.youtube.com/ watch?v=DbqcRG-CT30 (Stand: 21.06.2023)

16 Vgl., auch im Folgenden: Eagleman, David: The Brain. Die Geschichte von dir, München: Pantheon Verlag, 2017, S. 153 f.

17 Eusozialität bezeichnet eigentlich soziale Verhaltensweisen aus dem Tierreich, bei denen Tierarten gemeinsam in einem Staat leben. Im menschlichen Verhalten wird damit ein besonders gemeinschaftsorientiertes, altruistisches Verhalten bezeichnet.

18 Ebd., S. 155.

19 Digital 2023: Fast einen Tag pro Monat verbringen die Deutschen auf TikTok (14.02.2023). URL: https://wearesocial.com/de/ blog/2023/02/digital-2023-fast-einen-tag-pro-monat-verbringendie-deutschen-auf-tiktok/ (Stand: 29.08.2023)

20 Honert, Moritz: Neid im Netzwerk: Macht Facebook unglücklich? (27.11.2012). URL: https://www.tagesspiegel.de/gesellschaft/ medien-_-ki/macht-facebook-unglucklich-6380518.html (Stand: 21.06.2023)

21 Vgl. Quarks: «Darum vergleichen wir uns mit anderen Menschen» (14.06.2021). URL: https://www.quarks.de/gesellschaft/psycho logie/darum-vergleichen-wir-uns-mit-anderen-menschen/ (Stand: 21.06.2023)

22 Vgl. hier und im Folgenden: Dr. Amen, Daniel G.: Happy Brain - Happy You. Wie Glück das Gehirn gesund hält und den Körper vor Krankheiten schützt, München: riva Verlag, 2023, S. 266 ff.

23 Vgl. Brené Brown: Die Gaben der Unvollkommenheit, Bielefeld: Kamphausen Media GmbH, 9. Auflage, 2021.

24 Honert, Moritz: Neid im Netzwerk: Macht Facebook unglücklich? (27.11.2012). URL: https://www.tagesspiegel.de/gesellschaft/medien-_-ki/macht-facebook-unglucklich-6380518.html (Stand: 21.06.2023)

25 Leßmann, Max Richard: Liebe in Zeiten der Follower, Köln: Kiepenheuer & Witsch, 2022, S. 20.

26 Kross, Ethan: CHATTER - Die Stimme in deinem Kopf, München: btb Verlag, 2022, S. 7.

27 Brown, Brené: Die Gaben der Unvollkommenheit, Bielefeld: Kamphausen Media GmbH, 9. Auflage, 2021, S. 198.

28 Vgl. im Folgenden: Dr. Mort, Sophie: Anleitung für dein Leben, München: Penguin Random House, 2022, S. 333 ff.

29 Vgl. im Folgenden: Kross, Ethan: CHATTER - Die Stimme in deinem Kopf, München: btb Verlag, 2022, S. 261 ff. und Dr. Mort, Sophie: Anleitung für dein Leben, München: Penguin Random House, 2022, S. 344.

30 Kross, Ethan: CHATTER - Die Stimme in deinem Kopf, München: btb Verlag, 2022, S. 97 ff.

2. Wo Licht ist, da ist auch Schatten: Der ehrliche Blick auf dich selbst

31 Vgl. hier und im Folgenden: TEDx Talks: Preparing in advance helps you to survive a personal crisis, Carolin Runnquist, TEDxStockholm. URL: https://www.youtube.com/watch?v=M5Y0tXl9HmQ (Stand: 13.09.2023)

32 Ebd., ab Minute 7:33.

33 Prof. Dr. Möller, Christian: Das Leben wird vorwärts gelebt und rückwärts verstanden (22.05.2019). URL: https://pfarrerblatt.de/prof-dr-christian-moeller/das-leben-wird-vorwaerts-gelebt-und-rueckwaerts-verstanden/ (Stand: 14.07.2023)

34 Vgl. Bock, Petra: Der entstörte Mensch. Wie wir uns und die Welt verändern, München: Droemer Knaur, 2020, S. 107 ff.

35 AOK: Burnout: Wie merke ich, dass ich betroffen bin? (11.01.2023) URL: https://www.aok.de/pk/magazin/koerper-psyche/psycho

logie/burnout-so-merken-sie-ob-sie-betroffen-sind/
(Stand: 30.08.2023)

36 Ebd.

37 Brendon.com auf YouTube: How to Deal with Disappointment.
(05.04.2014) URL: https://www.youtube.com/watch?v=6ygbEd-
7GFg (Stand: 30.08.2023)

38 Vgl. Eagleman, David: The Brain. Die Geschichte von dir, München:
Pantheon Verlag, 2017, S. 150 ff.

39 Brown, Brené: Entdecke deine innere Stärke, München: Kailash
Verlag, 2018, S. 50.

3. Augen auf und durch:
Auf der Jagd nach diesem verdammten Glück

40 Vgl. Lexikon der Psychologie: Schatten. URL: https://www.spekt
rum.de/lexikon/psychologie/schatten/13403 (Stand: 03.07.2023)

41 Vgl. Wolynn, Mark: Dieser Schmerz ist nicht meiner. Wie wir uns
mit dem seelischen Erbe unserer Familie aussöhnen, München:
Kösel Verlag, 2022. Oder: Süddeutsche: Traumatische Erlebnisse
prägen das Erbgut. URL: https://www.sueddeutsche.de/gesundheit/
genetik-traumatische-erlebnisse-praegen-das-erbgut-1.1936886
(Stand: 13.09.2023)

42 Vgl. Dr. Mort, Sophie: Anleitung für dein Leben, München: Penguin
Random House, 2022, S. 160.

43 Vgl. Brown, Brené: Die Gaben der Unvollkommenheit, Bielefeld:
Kamphausen Media GmbH, 9. Auflage, 2021, u.a. S. 19 ff.

44 Vgl. im Folgenden: Dr. Windscheid, Leon: Besser fühlen (2021).
Hamburg: Rowohlt Verlag, 15. Auflage, 2023.

45 Ebd., u.a. S. 100.

46 Ebd., S. 162.

47 Dr. Amen, Daniel G.: Happy Brain – Happy You. Wie Glück das
Gehirn gesund hält und den Körper vor Krankheiten schützt,
München: riva Verlag, 2023, S. 264.

48 Feldman Barrett, Lisa: Your mood influences what you see & hear
(part 1). URL: https://www.youtube.com/watch?v= 1mc9xOhGXw
(Stand: 14.09.2023)

49 Vgl. hier und im Folgenden: TEDx Talks: Cultivating Wisdom: The

Power Of Mood | Lisa Feldman Barrett | TEDxCambridge.
URL: https://www.youtube.com/watch?v=ZYAEh3T5a8o
(Stand: 14.09.2023)

50 Vgl. Dr. Mort, Sophie: Anleitung für dein Leben, München: Penguin
Random House, 2022, S. 283 ff.

51 Schröder, Atze: Blauäugig. Hamburg: Edel Books, 2023, S. 11.

52 Vgl. Handelsblatt; Kontio, Carina: «Die Behinderung und ich sind
inzwischen Best Buddies geworden» (12.06.2019).
URL: https://www.handelsblatt.com/karriere/the_shift/lina-maria-
kotschedoff-im-mindshift-podcast-die-behinderung-und-ich-sind-
inzwischen-best-buddies-geworden/24443768.html
(Stand: 08.07.2023)

53 Twitter: https://twitter.com/simonsinek/status/
1506697288818774019?lang=de (Stand: 08.07.2023)

54 FAZ; Uhtenwoldt, Deike: Beratung für alle Lebenslagen?
(23.11.2021). URL: https://www.faz.net/aktuell/karriere-
hochschule/was-es-mit-dem-boom-des-coachings-auf-sich-
hat-17642096.html (Stand: 11.07.2023)

55 Wirtschaftswoche; Deters, Jannik: «Ich habe viele unsinnige Sachen
gesehen» (23.03.2021). URL: https://www.wiwo.de/erfolg/
management/psychologe-ueber-coachings-ich-habe-viele-
unsinnige-sachen-gesehen/26126980.html (Stand: 14.07.2023)

56 Deeg, Janosch: Dopamin und Endorphin: Stoffe, die süchtig machen
(01.07.2020). URL: https://www.dasgehirn.info/krankheiten/
sucht/dopamin-und-endorphin-stoffe-die-suechtig-machen
(Stand: 19.07.2023)

57 Wegener, Claudia: Parasoziale Interaktion (2008). Parasoziale
Interaktion. In: Sander, U., von Gross, F., Hugger, KU. (Hrsg.)
Handbuch Medienpädagogik. VS Verlag für Sozialwissenschaften.
URL: https://doi.org/10.1007/978-3-531-91158-8_43
(Stand: 11.07.2023)

58 Einen guten Überblick gibt es unter anderem bei der Stiftung
Warentest. URL: https://www.test.de/Den-richtigen-Coach-finden-
Nicht-nur-die-Chemie-muss-stimmen-4697530-4699751/
(Stand: 21.07.2023)

59 Vgl. TK; Frobeen, Anne: Wie Gehirn und Hormone die Stressre-

aktion steuern (28.02.2023). URL: https://www.tk.de/techniker/
magazin/life-balance/stress-bewaeltigen/gehirn-hormone-
stress-2006900 (Stand: 14.07.2023)

60 Dweck, Carol: Selbstbild. Wie unser Denken Erfolge oder Niederlagen bewirkt, München: Piper Verlag, 5. Auflage, 2021.

61 Ebd., S. 18.

62 Sex and the City, Staffel 4, Folge 2. Szene online verfügbar,
URL: https://www.youtube.com/watch?v=mDOdrcV5dfs
(Stand: 11.07.2023)

63 Schwanz, Kathrin: Circle of Influence - Energie und Kapazi-
tät für das eigene Wirken finden (07.05.2020). URL: https://
medium.com/das-rehbock/circle-of-influence-energie-und-kapa-
zit%C3%A4t-f%C3%BCr-das-eigene-wirken-finden-14aca3dad09c
(Stand: 12.06.2023)

4. Bis hierhin und nicht weiter:
Wieso du Grenzen brauchst, um dich zu verbinden

64 von Kürthy, Ildikó (Moderatorin): Mit Sabine Asgodom dem
Glück hartnäckig auf der Spur bleiben (09.07.2023). In: Frauen-
stimmen (Podcast), 38:24-38:31. URL: https://open.spotify.com/
episode/7hCINyy8a3r1au4OSugFqD?si=OPZJO1lqTPyhrs14tCVrow
(Stand: 14.07.2023)

65 Ebd., 39:16-39:27.

66 Vgl. hier und im Folgenden: Bock, Petra: MINDFUCK. Das
Coaching, München: Knaur, 2013, S. 84 ff.

67 Vgl. Feldman Barrett, Lisa: Wie Gefühle entstehen. Eine neue Sicht
auf unsere Emotionen (2023). Hamburg: Rowohlt u. a. S. 508 ff.

68 Dr. Amen, Daniel G.: Happy Brain - Happy You. Wie Glück das
Gehirn gesund hält und den Körper vor Krankheiten schützt,
München: riva Verlag, 2023, S. 272.

69 Dr. Amen, Daniel G.: Happy Brain - Happy You. Wie Glück das
Gehirn gesund hält und den Körper vor Krankheiten schützt,
München: riva Verlag, 2023, S. 189 ff.

70 Ebd., S. 219.

71 NDR: Psychosomatische Symptome und ihre Behandlung
(03.04.2023). URL: https://www.ndr.de/ratgeber/gesundheit/

Psychosomatische-Symptome-und-ihre-Behandlung,psyche120.
html (Stand: 27.07.2023)

72 Vgl. TED: Simon Sinek: Wie große Führungspersönlichkeiten
zum Handeln inspirieren. URL: https://www.youtube.com/
watch?v=qpoHIF3SfI4 (Stand: 15.09.2023)

73 Dr. Mort, Sophie: Anleitung für dein Leben, München: Penguin
Random House, 2022, S. 468.

74 Ebd., S. 470.

75 Strelecky, John: Big Five for Life. Was wirklich zählt im Leben.
München: dtv, 24. Auflage, 2018.

76 Vgl. unter anderem: Entrepreneur University: BIG FIVE FOR
LIFE - So findest du deinen Zweck der Existenz! - John Strelecky - The Founder Summit 2019 (16.10.2019). URL: https://www.
youtube.com/watch?v=7XAjztm6BxA (Stand: 18.09.2023)

77 Huffington, Arianna: Der Weg zum Erfolg? Mehr Schlafen!
(15.10.2014). URL: https://www.ted.com/talks/arianna_huf
fington_how_to_succeed_get_more_sleep?language=de
(Stand: 26.07.2023)

78 Dr. Mort, Sophie: Anleitung für dein Leben, München: Penguin
Random House, 2022, S. 353.

79 Grant, Adam: Sind Sie ein Geber oder ein Nehmer? (03.01.2017).
URL: https://www.ted.com/talks/adam_grant_are_you_a_gi-
ver_or_a_taker?language=de&subtitle=de, 12:28-12:39. (Stand:
26.01.2023)

5. Me, myself and I:
Wer du warst, bist und sein möchtest

80 Vgl. Bundesministerium für Familie, Senioren, Frauen und Jugend:
Gelebte Vielfalt: Familien mit Migrationshintergrund in Deutschland. URL: https://www.bmfsfj.de/resource/blob/116880/83c02ec
19dbea15014d7868048f697f2/gelebte-vielfalt--familien-mit-mig
rationshintergrund-in-deutschland-data.pdf (Stand: 01.08.2023)

81 Vgl. crossculture academy: Besondere Stärken und Bedürfnisse von
Third Culture Kids. URL: https://crossculture-academy.com/beson-
dere-staerken-und-beduerfnisse-von-third-culture-kids/ (Stand:
01.08.2023)

82 Vgl. Dweck, Carol: Selbstbild. Wie unser Denken Erfolge oder Niederlagen bewirkt, München: Piper Verlag, 5. Auflage, 2021.

83 Brown, Brené: Entdecke deine innere Stärke, München: Kailash
   Verlag, 2018, S. 105.

84 Hier und im Folgenden: Ebd., S. 106 f.

85 Razavi, Reza: Die Magie der Transformation, Freiburg: Haufe-Lex-
   ware, 2022, S. 181.

86 Eagleman, David: The Brain. Die Geschichte von dir, München:
   Pantheon Verlag, 2017, S. 159.

87 Ebd.

88 TEDx Talks: Building a psychologically safe workplace | Amy Ed-
   mondson | TEDxHGSE (05.05.2014). URL: https://www.youtube.
   com/watch?v=LhoLuui9gX8 (Stand: 28.07.2023)

89 Precht, Richard David: Wer bin ich - und wenn ja, wie viele?
   München: Goldmann, 2007.

90 Beispielsweise von «Ein Guter Plan», URL: https://einguterplan.de/
   werte-test (Stand: 18.09.2023)

91 Vgl. hier und im Folgenden: Tell Me Why: Erklärt: Wertequadrat /
   Entwicklungsquadrat | Schulz von Thun | Abiwissen mit Beispielen.
   URL: https://www.youtube.com/watch?v=RPDxoERvNgo&t=3 s
   (Stand: 18.09.2023)

92 Dr. Windscheid, Leon: Besser fühlen (2021). Hamburg: Rowohlt
   Verlag, 15. Auflage, 2023, S. 237.

93 Schröder, Atze und Dr. Windscheid, Leon (17.07.2023): Veränderung durch Akzeptanz (Podcast). In: Betreutes Fühlen,
   55:32–55:37. URL: https://open.spotify.com/show/4D57AH2sD
   PaIuqpMqfrnZe (Stand: 21.07.2023)

6. All In(clusive):
Inklusion ist ein Grundrecht aller Menschen,
kein Privileg von Minderheiten

94 Eagleman, David: The Brain. Die Geschichte von dir, München:
   Pantheon Verlag, 2017, S. 139 f.

95 Feldman Barrett, Lisa: Siebeneinhalb Lektionen über das Gehirn,
   Hamburg: Rowohlt Taschenbuch Verlag, 2023, S. 132.

96 NDR Info: Wer sagte: «Ich weiß, dass ich nichts weiß»? (Audiobei-

trag) URL: https://www.ndr.de/nachrichten/info/Wer-sagte-Ich-weiss-dass-ich-nichts-weiss,audio51689.html, Minute 1:14–1:28. (Stand: 01. 08. 2023)

97 Vgl. Brené Brown: Die Gaben der Unvollkommenheit, Bielefeld: Kamphausen Media GmbH, 9. Auflage, 2021, S. 92.

98 Antoine de Saint-Exupéry: Der Kleine Prinz, München: Anaconda Verlag, 2015, 2022, S. 67.

Holly Matthews
Hinfallen ist auch ein Weg nach vorne

In 60 Schritten zu einem glücklicheren Leben

Herrlich offen erzählt die Britin Holly Matthews, wie man in 60 einfachen Schritten sein Leben um einiges glücklicher gestalten kann. Ihr «Happy Me Project» begeistert in England zahlreiche Fans. In 60 kurzweiligen Kapiteln fasst die zweifache Mutter einfache und alltagstaugliche Tipps für eine entlastende Achtsamkeit zusammen. Von der Einsicht, dass ständig nörgelnde Menschen einen negativen Einfluss auf das eigene Wohlbefinden haben, über die Erlaubnis, im Alltag auch mal richtig heulen zu dürfen, bis hin zur Befreiung vom ewigen Nett-sein-Müssen gibt Matthews zahlreiche Aha-Erkenntnisse für die täglichen Herausforderungen des Lebens an die Hand.

336 Seiten